甘阳 主编

文化：中国与世界新论

*

保 教 立 国

康有为的现代方略

干春松 著

生活·讀書·新知 三联书店

图书在版编目（CIP）数据

保教立国：康有为的现代方略／干春松著．—北京：生活 · 读书 · 新知三联书店，2015.3
（“文化：中国与世界”新论）
ISBN 978－7－108－05193－6

Ⅰ．①保…　Ⅱ．①干…　Ⅲ．①康有为（1858～1927）－政治思想－思想评论－文集　Ⅳ．①D092.52-53

中国版本图书馆 CIP 数据核字（2014）第 282952 号

责任编辑　冯金红
装帧设计　薛　宇
责任印制　徐　方
出版发行　生活 · 讀書 · 新知　三联书店
（北京市东城区美术馆东街 22 号 100010）
网　　址　www.sdxjpc.com
经　　销　新华书店
印　　刷　北京隆昌伟业印刷有限公司
版　　次　2015 年 3 月北京第 1 版
2015 年 3 月北京第 1 次印刷
开　　本　880 毫米 × 1092 毫米　1/32　印张 10.625
字　　数　162 千字
印　　数　0,001－5,000 册
定　　价　38.00 元
（印装查询：01064002715；邮购查询：01084010542）

“文化：中国与世界”新论

缘起

百年前，梁启超曾提出“中国之中国”，“亚洲之中国”，以及“世界之中国”的说法。进入21世纪以来，关于“世界之中国”或“亚洲之中国”的各种说法益发频频可闻。

但所谓“中国”，并不仅仅只是联合国上百个国家中之一“国”，而首先是一大文明母体。韦伯当年从文明母体着眼把全球分为五大历史文明（儒家文明，佛教文明，基督教文明，伊斯兰文明，印度教文明）的理论，引发日后种种“轴心文明”讨论，至今意义重大。事实上，晚清以来放眼看世界的中国人从未把中国与世界的关系简单看成是中国与其他各“国”之间的关系，而总是首先把中国与世界的关系看成是中国文明与其他文明特别是强势西方文明之间的关系。二十年前，我们这一代人创办“文化：中国与世界”系列丛书时，秉承的也是这种从大文明格局看中国与世界关系的视野。

这套新编“文化：中国与世界”论丛，仍然承继这种从文明格局看中国与世界的视野。我们以为，这种文明论的立场今天不但没有过时，反而更加迫切了，因为全球化绝不意味着将消解所有历史文明之间的差异，绝不意味着走向无分殊的全球一体化文明，恰恰相反，全球化的过程实际更加突出了不同人民的“文明属性”。正是在全球化加速的时候，有关文明、文化、民族、族群等的讨论日益成为全球各地最突出的共同话题，既有所谓“文明冲突论”的出场，更有种种“文明对话论”的主张。而晚近以来“软实力”概念的普遍流行，更使世界各国都已日益明确地把文明潜力和文化创造力置于发展战略的核心。说到底，真正的大国崛起，必然是一个文化大国的崛起；只有具备深厚文明潜力的国家才有作为大国崛起的资格和条件。

哈佛大学的张光直教授曾经预言：人文社会科学的21世纪应该是中国的世纪。今日中国学术文化之现状无疑仍离这个期盼甚远，但我们不必妄自菲薄，而应看到这个预言的理据所在。这个理据就是张光直所说中国文明积累了一笔最庞大的文化本钱，如他引用 Arthur Wright 的话所言："全球上没有任何民族有像中华民族那样庞大的对他们过去历史的记录。二千五百年的正史里所记录下来的个别事件的总额是无法计算的。要将二十五史翻成英文，需要四千五百万个单词，而这还只代表那整个记录中的一小部分。"按张光直的看法，这笔庞大的文化资本，尚未被现代中国人好好利用过，因为近百年来的中国人基本是用西方一时一地的理论和观点去看世界，甚至想当然地以为西方的理论观点都具有普遍性。但是，一旦"我们跳出一切成见的圈子"，倒转过来以中国文明的历史视野去看世界，那么中国文明积累的这笔庞大文化资本就会发挥出其巨大潜力。

诚如张光直先生所言，要把中国文明的这种潜力发挥出来，我们需要同时做三件事，一是深入研究中国文明，二是尽量了解学习世界史，三是深入了解各种西方人文社会科学理论，有了这三个条件我们才能知所辨别。做这些工作都需要长时间，深功夫，需要每人从具体问题着手，同时又要求打破专业的壁垒而形成张光直提倡的“不是专业而是通业”的研究格局。这套丛书即希望能朝这种“通业研究”的方向做些努力。我们希望这里的每种书能以较小的篇幅来展开一些有意义的新观念、新思想、新问题，同时丛书作为整体则能打破学科专业的篱笆，沟通中学与西学、传统与现代、人文学与社会科学，着重在问题意识上共同体现“重新认识中国，重新认识西方，重新认识古典，重新认识现代”的努力。

之所以要强调“重新认识”，是因为我们以往形成的对西方的看法，以及根据这种对西方的看法而又反过来形成的对中国的看法，有许多都有必要加以重新检讨，其中有些观念早已根深蒂固而且流传极广，但事实上却未必正确甚至根本错误。这方面的例子可以举出很多。例如，就美术而言，上世纪初康有为、陈独秀提倡的“美术革命”曾对20世纪的中国美术发生很大的影响，但他们把西方美术归结为“写实主义”，并据此认为中国传统美术因为不能“写实”已经死亡，而中国现代美术的方向就是要学西方美术的“写实主义”，所有这些都一方面是对西方美术的误解，另一方面则是对中国现代美术的误导。在文学方面，胡适力图引进西方科学实证方法强调对文本的考证诚然有其贡献，但却也常常把中国古典文学的研究引入死胡同中，尤其胡适顽固反对以中国传统儒道佛的观点来解读中国古典文学的立场更是大错。例如他说“《西游记》被三四百年来的无数道士和尚秀才弄坏了”，认为儒道佛的“这些解说都是《西游记》的大敌”，但正如《西游记》英译者余国藩教授所指出，胡适排斥儒道佛现在恰恰成了反讽，因为欧美日本中国现在对《西游记》的所有研究成果可以概观地视为对胡适观点的驳斥，事实上，“和尚，道士和秀才对《西游记》的了解，也许比胡适之博士更透彻，更深刻！”

同样，我们对西方的了解认识仍然远远不够。这里一个重要问题是西方人对自己的看法本身就在不断变化和调整中。例如，美国人曾一度认为美国只有自由主义而没有保守主义，但这种看法早已被证明乃根本错误，因为近几十年来美国的最大变化恰恰是保守主义压倒自由主义成了美国的主流意识形态，这种具有广泛民众基础而且有强烈民粹主义和反智主义倾向的美国保守主义，几乎超出所有主流西方知识界的预料，从而实际使许多西方理论在西方本身就已黯然失色。例如西方社会科学的基本预设之一是所谓“现代化必然世俗化”，但这个看法现在已经难以成立，因为正如西方学界普遍承认，无论“世俗化”的定义如何修正，都难以解释美国今天百分之九十以上的人自称相信宗教奇迹、相信上帝的最后审判这种典型宗教社会的现象。晚近三十年来是西方思想变动最大的时期，其变动的激烈程度只有西方 17 世纪现代思想转型期可以相比，这种变动导致几乎所有的问题都在被重新讨论，所有的基本概念都在重新修正，例如什么是哲学，什么是文学，什么是艺术，今天都已不再有自明的答案。但另一方面，与保守主义的崛起有关，西方特别美国现在日益呈现知识精英与社会大众背道而驰的突出现象：知识精英的理论越来越前卫，但普通民众的心态却越来越保守，这种基本矛盾已经成为西方主流知识界的巨大焦虑。如何看待西方社会和思想的这种深刻变化，乃是中国学界面临的重大课题。但有一点可以肯定：今天我们已经必须从根本上拒斥简单的“拿来主义”，因为这样的“拿来主义”只能是文化不成熟、文明不独立的表现。中国思想学术文化成熟的标志在于中国文明主体性之独立立场的日渐成熟，这种立场将促使中国学人以自己的头脑去研究、分析、判断西方的各种理论，拒绝人云亦云，拒绝跟风赶时髦。

黑格尔曾说，中国是一切例外的例外。近百年来我们过于迫切地想把自己纳入这样那样的普遍性模式，实际忽视了中国文明的独特性。同时，我们以过于急功近利的实用心态去了解学习西方文明，也往往妨碍了我们更深刻地理解西方文明内部的复杂性和多样性。21 世纪的中国人应该已经有条件以更为从容不迫的心态、更为雍容大气的胸襟去重新认识中国与世界。

承三联书店雅意，这套新编论丛仍沿用“文化：中国与世界”之名，以示二十年来学术文化努力的延续性。我们相信，“文化”这个概念正在重新成为中国人的基本关切。

甘 阳

2007 年中秋于杭州

目 录

导言　康有为与现代中国________1

宗教、国家与公民宗教

民族国家建构过程中的孔教设想与孔教会实践________13

君民之间

康有为戊戌前的宪政观念与实践________83

章太炎与康有为对如何建构“民族国家”的分歧

再论《驳康有为论革命书》________137

如何构造一个新的国家

康有为论地方自治与国家一统________198

“虚君共和”

民国后康有为对于国家政治体制的构想________263

后记________326

导言　康有为与现代中国

1927 年，对于现代中国的政治、历史发展和学术演进方向来说，是一个值得关注的年头。

这一年，蒋介石面对共产党蓬勃的势力发展日益忧虑，进而发动了一次以纯洁国民党队伍为目的的“清党”运动，自此，国民党和共产党之间的对立成为中国政治新的主题。

而从 1926 年就开始的北伐战争，则以高歌猛进的姿态对自晚清以来逐渐形成的地方军事力量进行讨伐，并在 1927 年取得决定性的胜利。这场胜利也意味着北洋军阀时期的结束和一个新的一统时期的到来。

同样，也是在 1927 年，刚刚还在自己七十寿宴上与溥仪频繁互动的康有为，却于 1927 年 3 月因为一次可疑的食物中毒而在青岛离世。稍后，虽在清华国学院任导师却依然担任逊帝溥仪南书房行走的王国维则选择以自沉昆明湖来终结自己的生命。康有为和王国维的死或多或少都与北伐有牵连。不过，对于康有为而言，其政治生命的终结则可以追溯到十年前参与张勋复辟之时。在1917年之后，康有为已经被时代视为“历史人物”。在陈独秀等人努力将儒家“塑造”成专制和愚昧的象征以使之成为民主和科学的对立物之后，康有为却依然坚信没有文化作为基础的制度移植难以发挥其实质的效用，并试图探索一个超大型的、多民族的国家的独特路径。而这一切都恰好成为新文化运动诸公信手拈来的儒家阻碍中国现代化的铁证，康有为本人也无可逃避地成为这个铁证环节中的“人证”。概而言之，从20世纪20年代开始，康有为的政治主张与现实的政治发展之间已经筑造起一堵厚厚的墙。

在“革命”叙事被国共两党共同接受为“政治正确”的中国近现代史的线索中，康有为的政治行为被分为前后两截，即戊戌变法之前因提倡变法而引领时代，戊戌之后因日渐反对革命而落后于时代。这样的叙事预设了一个前提，即中国已经发现了一条迈进现代的道路。

即使是在儒家发展谱系的内在性描述中，康有为也长期被置于边缘地带。在大学儒学系统“内圣开出新外王”的逻辑框架中，肯定民主和科学成为儒家道德理想的内在发展需要。在这样的趋势下，儒家的实践性导向被贬抑，基于儒家立场对现代性的反思被视为对于现代性的抗拒，而基于今文经学的立论方式则被钱穆等视为晚清学术的“末影”，认为其与以实证和推理为特征的现代科学格格不入。

然而，进入20世纪的末期、特别是21世纪之后，随着中国社会经济的不断发展，人们发现难以从已有的模式来解读中国式的政治体制和经济模式，而对于政治、经济独特性的分析必然会导致对于民族文化传统的关注。与此同时，多元现代性的理论也导致多元合法性思潮的兴起，这既造成了主流价值观的破产，也使得多种社会思潮蓬勃兴起。大陆的儒学复兴运动便是在这样的背景下得以不断发展。

与倾向于阐扬道德心性的港台新儒家不同的是，大陆新儒家具有一种强烈的实践性和政治化的倾向，其表现并不仅仅体现为身处大学的儒家知识分子的理论阐发，而是遍及宗教、教育和政治实践诸方面；其价值取向不仅仅是对现代性的接引，而是对现代性抱持一种强烈的反思态度。在这样的趋势下，康有为终于得以从他自己、不同政治派别和擅长发掘各类掌故的历史学家的“陈旧”故事中解放出来，康有为的政治活动和理论思考重新焕发出其对于现实的参照意义。按张旭的说法，甚至形成了一种“新康有为主义”的思潮。

如果“新康有为主义”是为了摆脱以前的种种意识形态标签，而不只是添加新的标签的话，我们就需要拒斥一种新的意识形态式的解读，需要仔细打量康有为所面对的问题，而本书所收的五篇文章，聚焦的则是“建国”的问题。

“建国”问题可以分解为两个问题，一是中国如何从一个王朝转变为现代民族国家；二是如何设计这个新的国家的内部秩序和治理体系。

康有为清晰地认识到中国所面临的世界格局已经是一个民族国家为主体的国际竞争格局，即所谓万国竞逐的争夺之世，也被康有为称为“新世”。面对这个“新世”，康有为认为要将他内心所追求的大同世界秘而不宣，大同的世界虽然符合王者无外的儒家天下理想，但并不切合依然处于小康阶段的时代需要。基于将公羊三世和进化理论相结合的历史哲学，康有为的政治哲学处处展现出他对中国所处的历史阶段和现实任务的确认。

既然我们所面对的世界呈现出一种“对内文明，对外野蛮”（杨度语）的内外有别秩序，那么中国所应提倡的就是“霸国主义”，惟其如此，中国才能“保国”、

“保种”，而不至成为列强瓜分的目标。面对欧美列强对于中国的掠夺和印度、南美等因为分裂而被殖民的教训，康有为认为中国只有维持统一才会具有竞争力，所以他反对章太炎、孙中山等基于激发种族仇恨而推行的革命主张，认为新的民族国家应以清王朝的版图为基础，担心由种族革命引发周边民族的分裂。

针对革命派强调民族国家是由一个民族构成一个国家的看法，康有为更愿意从国族的角度来理解民族国家。他依据德国的经验认为，要建立一个强有力的国家，则需要把国内的各个民族统合在共同的国家观念下，而不是将已经置于国家之内的民族分离出去。因此，康有为坚决反对晚清和民国初年备受欣羡的“联邦制”和“联省自治”。美国固然是一个成功的联邦制国家，但并不能据此认为中国也应该实行联邦制。在康有为看来，联邦制即使在某一个时期是一个可以接受的方案，也只能看作是为最终建立一个统一国家的目标过渡而已。

在与革命派的论战中，康有为认为应对“民族”概念进行正确的认识，由于中国相对封闭的地域和独特的价值观念，中国境内的各民族始终处于不断的融合过程中。作为清朝的统治群体的满族，既然接受了儒家的观念和生活礼仪，因此也已经融入了中华民族之中，不应对其采取驱逐的策略，而是应当通过改汉姓等多种方式促进民族融合。

康有为一直强调要“保全中国”，这意味着需要完整地继承清王朝的土地和人口，在此基础上的主权独立才有意义。在这样的前提下，他一直强调国家意识的培育。为此，他和陈焕章一方面建立孔教会，想通过儒家的教会化建制，使儒家获得制度化的传播和实践的保障；另一方面，则试图通过立孔教为国教的方式，使儒家的价值观念成为凝聚国民的核心资源。

这个备受争议甚至招致批评的国教设计，看上去有阻碍信仰自由和汉族沙文主义的倾向。但是，如果我们考察康有为对于宗教的认识，特别是他的多元国教说，就会了解他所关注的其实是一个国家内部多元民族如何找寻一体价值的可能性。

民族国家的内部秩序和治理体系是康有为要进一步申说的问题。在戊戌变法之前，康有为开始以托古改制的方式，将民权、平等、议会、宪政等观念引入中国知识界。不过他自己对于这些观念背后的制度设计并没有深入的认识，他所关注的是面对僵固的皇权体系，如何通过设立制度局等方式使得社会的正向流动得以实现，底层的民意能够上达。戊戌之后，康有为开始长达十几年的流亡和游历，足迹遍及欧洲、美洲、非洲、亚洲的三十几个国家。这期间既有如印度大吉岭时期这样重新注释儒家经典的沉潜期，也有与各国政要、知识界探讨中国变革得失的反思期，更有对相同的制度在不同国家产生不同效果的对比期。如此丰富的经历和思考，让康有为坚信并没有一个现成的模式可供中国模仿，他诙谐地说，如果美国、法国这样的经验可以照搬的话，那么政治就是一件最容易的事，我们只需要派出一些留学生，将他们的制度、法规抄写即可实现国家之富强。

康有为认为，国家的体制和具体制度的确定，一是要看现实的可能性，二是要照顾到本国的人心、风俗、礼仪、法度。

相比于晚清民国普遍流行的以“共和”来解决中国社会顽疾的制度乐观主义倾向，康有为一直质疑中国实行共和制度的现实可能性。他比较了英国、法国、美国、瑞士等不同国家的民主共和体制，认为瑞士式的直接民主制度只适合小国寡民的地区；而美国式的总统制则需要辅以交通、通讯等手段的配合，才能使选举权等民主形式得到落实。相比之下，他认为英国保存虚君，结合上下议院的体制比较适合中国国情。因此，在民国初年，他采用曲折的方式坚持认为“虚君共和”是最为适合中国的政治体制。而在袁世凯复辟之后，他开始直接批评共和制度，质疑缺乏道德支撑的政党政治和议会政治，只可能成为政客谋取自身利益的工具，而与真正的民意和人民的福祉无关。

在对于代议制度、政党政治等现代民主制度的反思上，康有为和他一生的论敌章太炎甚至有着惊人的相似之处。他们都质疑在一个超大规模的国家里，以一人代表数十万人的代议制能否真正传达民意。康有为设想一种地方自治和中央集权相统一的方案。

康有为认为，国家对于财政、军队和外交的统制权是必须掌控的，否则难以应付国内和国际的新格局。同时，权力的集中还有助于推进修建铁路、通讯、教育等公共服务体系，确定统一的国家意识。晚清的国际秩序使康有为坚信，在缺乏国家能力的前提下，国民的民权和社会福利便无从谈起。但他同样反对中央对地方的过多干预，认为这会遏制地方的积极性。所以，在国家结构上他主张“析疆增吏”，即一方面废除现有的省的建制，而改以更为小规模的州、县，扩大地方自治的空间，并提出要从传统的宗族和团练等地方组织发展出有别于官方机构的地方自治机构，以此作为国民的政治素质训练环节。另一方面则设立跨越地区的、具有更强专业性的官员来处理卫生、教育、民政等事务。康有为认为，这样的设计顺应了社会分工的多样化趋势，官员的数量也应该随之增加。总之，在康有为看来，地方自治和中央集权并非是对立排斥的关系，也可能是一种相辅相成的促进关系。

对于新的国家治理秩序需要考虑本国的人心、风俗、礼仪、法度的问题，经由哈耶克等人对理性的“自负”的批评，可能已经不难被人接受，但是在实际的操作过程中，依然是一个困难的过程。因为世界各国现代化发展存在时间上的先后和程度上的差异，而现代社会的制度设计一般而言是由那些最先发展的国家所制定的，这样的历史背景造成了对后发国家的制度牵制甚至制度压榨。比如晚清时期西方国家就是借助于法律观念上的差异来为他们在中国的“治外法权”寻求“法律”依据的。

当然，制度上的移植和模仿是必须的。因为在新的世界格局下，人类产生了大量的国与国之间的公共事务，这些事务需要有共同的规范来处置。但是对于国内的秩序安排，能否完全照搬别国的模式，这是值得怀疑的。对此，康有为的论证是极端基础性的。他认为所有的制度运行需要道德素养做基础，国人的道德价值只能从自身的文化传统中养成发展，所以，只有符合国人人心和风俗的制度，才可能是适合并有效的，否则便会产生制度的变异和失灵。可惜，这样的警示被视为对于旧制度的留恋而需要“最后之觉悟”。

很显然，在康有为的思考中，其众多灼见被掩埋于他自身在叙述中的许多矛盾性的论述里。但是，在随后中国的政治实践中，我们其实经常可以在各种不同的制度设计中看到康有为的影子，哪怕只是一个倒影。在我看来，他的有些设计可能是不现实的，比如立孔教为国教；但是他的思考则是超前的，比如如何保全中国的统一，如何处理中央权力和地方自治的关系，如何思考不同民族之间的关系，这些依然是摆在当下政治家面前必须应对的棘手的难题。

最后，我们需要对康有为在儒学发展史上的地位做一个说明。在讨论康有为的建国策略的时候，始终萦绕在我思绪里的一个问题是，康有为对于建国问题的思考可以被理解为儒家在面对新的国际格局中的一种回应，这是儒家对于现代性问题的一种回应。

最为通常的看法是将儒家思想的发展分为三个阶

段，即先秦至汉的儒学、宋明儒学和现代新儒学。然而，学术界在讨论现代新儒学即所谓“儒学的第三期发展”时，往往从梁漱溟开始，理由在于梁漱溟是对新文化运动的激烈反传统的一种回应。

很显然，将儒学第三期发展的使命仅仅视为对新文化运动激烈反传统的一种回应，且不说是儒家自小局面的认识，也是儒家对自己的新使命认识不足的表现。如果说，宋明儒学因为回应佛教的冲击，所以强化了儒家对于内在道德意识的阐扬，那么作为第三期儒学的使命则是要回应西方的挑战。

对于西方的挑战，无论是李鸿章这样的朝廷重臣，还是康有为这样的敏感士人，均视之为三千年未有之大变局，因此，儒家所要回应的问题，则是自孔孟以来所未曾面对过的：它既是经过启蒙运动而产生的一种全新的价值体系，也是市场体制为特征的新的经济形态，更是建立在个人权力基础上的一套社会政治制度。这样的挑战对于儒家而言是全方位的。因此，儒学的第三期发展只能理解为是儒学对于古今和中西问题的全面回应，而不只是对作为其中的插曲的新文化运动的回应。最早对此做出全面系统回应的人不是梁漱溟，而是康有为。如果我们阅读梁漱溟的作品，我们能特别明显地看到，梁漱溟的所有思考，始终没有超出康有为的范围，而随后的徐复观、牟宗三、唐君毅，继而以一种“防御性”的心态将民主和科学视为儒家道德理想的内在要求，这正是由于失去了康有为和章太炎等人所具有的对于现代性的反思精神所致。尤其严重的是，在这些新知识形态中出现的“新儒家”甚至没有真正在儒家的经学体系中浸淫过，这导致他们对许多问题的思考甚至是游离于儒家的内在理路之外的。

更进一步地说，如果我们将中西问题理解为古典和现代的话，那么，儒家甚至可以分为两期，即康有为之前的儒家和康有为之后的儒家，因为宋明时期儒家所要回应的佛教并没有对中国的政治制度和价值体系产生颠覆性的冲击，而只有在晚清的制度化儒家解体之后，儒家才发现自己已无存身之所。

康有为对于教会化儒教的设计，对于国家治理体系的思考，对于儒家经典体系与西学融合的尝试，在当时即已被批评为“其貌若孔，其心则夷”。这样的批评说明儒家并没有找到恰当的应对西方的方式，亦没有摆脱失去存身之所的困境。但是，在康有为那里，一切努力，已经开始。

宗教、国家与公民宗教

民族国家建构过程中的孔教设想与孔教会实践

“先生所以效力于国民者，以宗教事业为最伟；其所以得谤于天下者，亦以宗教事业为最多。”[1]梁启超对于其师康有为的这个评价引用者众多。因陈独秀等人借助《新青年》将康有为的孔教设想与民国初年的专制复辟挂钩并展开猛烈攻击，故康有为因孔教“得谤于天下”几乎掩盖了他在戊戌变法时期的光芒。然而，何以梁启超认定康有为对于国民贡献至巨者是宗教事业，这一点似乎并没有获得深入的讨论。这固然是由于长期以来我们对于宗教对社会生活的作用的评价错位所致，而康有为创立孔教的实践最终以失败

[1] 梁启超：《南海康先生传》，载夏晓虹编：《追忆康有为》，第15页。中国广播电视出版社，1996年。

收场，其“效力于国民”难有证据，也是原因之一。

不过，在我看来，对一项政治或文化实践的历史价值的评估，需要一个更长的历史时段的检验。康有为的孔教实践在沉寂了一百多年之后，已经有更多的人在重思，也有一些人在进行实验性的重建。因此，或许要在一段时间之后，我们才能判断梁启超的评价是否属实，而不是像钱穆先生那样只是看到康有为孔教设想中的自相矛盾之处[1]，而轻视其努力的价值。的确，康有为的孔教论有多重意义，本文着重对其宗教与民族国家的关系做一梳理，并试图从“公民宗教”的角度为孔教的未来做一个勾画。

一 “教化”抑或“宗教”，“神道”抑或“人道”

按一般的说法，康有为建立孔教的设想来自鸦片战争之后应对依赖治外法权而得到迅速传播的基督教的冲击。在康有为看来，依托于一个组织化的孔教组

---

〔1〕 钱穆：《中国近三百年学术史》，第767页。九州出版社，2011年。

织，一方面可以将宗教事务和政治事务进行剥离，杜绝西方列强借用宗教原因来对中国进行政治上的勒索；另一方面，建立儒家的宗教团体可以遏制基督教有组织地在民间社会进行传播。

在康有为看来，儒家传播乏力是导致基督教势力在中国得到迅速扩展的重要原因。在1895年的“公车上书”中，他指出：

> 然近日风俗人心之坏，更宜讲求挽救之方。盖风俗弊坏，由于无教。士人不励廉耻，而欺诈巧滑之风成，大臣托于畏谨，而苟且废弛之弊作。而“六经”为有用之书，孔子为经世之学，鲜有负荷宣扬，于是外夷邪教，得起而煽惑吾民，直省之间，拜堂棋布，而吾每县仅有孔子一庙，岂不可痛哉！〔1〕

他认为人心风俗之衰败是因为儒家的经典不能得到有效传播，每县一间孔庙显然难以与星罗棋布的基

〔1〕 康有为：《上清帝第二书》，载康有为撰，姜义华、张荣华编校：《康有为全集》第二集，第43页。中国人民大学出版社，2007年。（本书所引《康有为全集》均为中国人民大学出版社2007年版，后文注释中均略称“《康有为全集》”，而不再标注出版信息。——编者）

督教堂抗衡。据此，康有为的建议是在科举体制里面，设立“道学”一科，专门鼓励人们到各处乡村讲学，宣传孔子之教。同时，将民间信仰的庙宇改为孔庙，以抵御基督教的扩张。“并令乡落淫祠，悉改为孔子庙，其各善堂、会馆俱令独祀孔子，庶以化导愚民，扶圣教而塞异端。”[1]

在这篇上书中，康有为还鼓励优秀分子传道于海外，特别是对华人分布较多的地方，应派设教官和孔子庙，以使他们免于被外族的思想所影响。这个海外传播的想法与别的宗教传播有一定的差别，即孔教的海外传教主要针对华人，而不是像佛、耶等宗教一样，以一切人为其目标群体。

因此，戊戌变法时期康有为所提出的孔教设计，有很强的“教争”意味，也即通过对孔子的神圣化，将孔子塑造成“大地教主”。在完成于1898年的《孔子改制考》的序言中，康有为说：“天既哀大地生人之多艰，黑帝乃降精而救民患，为神明，为圣王，为万世作师，为万民作保，为大地教主。”[2]并认为，孔

---

〔1〕 康有为：《上清帝第二书》，《康有为全集》第二集，第43页。

〔2〕 康有为：《孔子改制考》，《康有为全集》第三集，第3页。

子为儒教的教主，是人所共认的，只是因为刘歆等人制作伪经，因此将孔子由圣王降为先师，从而使孔子的教主地位隐而不彰。在《儒教为孔子所创考》一节中，他就是要将孔子恢复为万世教主。康有为说：

> 汉自王仲任前，并举儒、墨，皆知孔子为儒教之主，皆知儒为孔子所创。伪古说出，而后吻塞掩蔽，不知儒义。……神明圣王，改制教主，既降为一抱残守阙之经师，宜异教敢入而相争也。今发明儒为孔子教号，以著孔子为万世教主。〔1〕

1898年，康有为成立保国会，呼应当时关于保教与保国一致性的主张。《保国会章程》明确说道："本会同志讲求保国、保种、保教之事，以为论议宗旨。"章程解释说：保国即"保全国家之政权、土地"；保种即"保人民种类之自立"；保教即"保圣教之不失"。〔2〕从某种意义上说，保教与保种、保国互为因果，因为在康有为看来，教之不存，国便不立。

1898年5月1日，康有为进呈了《请商定教案法律厘正科举文体听天下乡邑增设文庙并呈〈孔子改制

---

〔1〕 康有为：《孔子改制考》，《康有为全集》第三集，第85—86页。
〔2〕 康有为：《保国会章程》，《康有为全集》第四集，第54页。

考〉以尊圣师保大教绝祸萌折》，这个奏折系统地归纳了他当时的孔教主张。[1]

首先，康有为是想通过建立孔教会来处理与教案有关的令朝廷感到相当棘手的问题。康有为认为，西方传教是以“兵力传教”，“其始欲以教易人之民，其后以争教取人之国。”[2]要保教办案，则需要避开政治和军事的手段，以教会对教会的方式展开。康有为把设立孔教会作为其变法的一个项目。他说：

> 查泰西传教，皆有教会，创自嘉庆元年，今遂遍于大地。今其来者，皆其会中人派遣而来，并非其国所派，但其国家任其保护耳。其教会中有总理，有委员，有入议院者；略如我礼部领学政、教官，下统举人、诸生，但听教民所推举，与我稍异耳。今若定律，必先去其国力，乃可免

---

〔1〕 该奏折后来被康有为及其弟子编入《戊戌奏稿》时，改动较大。首先是奏折的名称被改为《请尊孔圣为国教，立教部教会以孔子纪年而废淫祀折》，其实在原稿中并未使用“国教”概念，也未敢使用“孔子纪年”的提法。参见孔祥吉：《康有为变法奏章辑考》，第261—262页。北京图书馆出版社，2008年。

〔2〕 康有为：《请商定教案法律厘正科举文体听天下乡邑增设文庙谨写〈孔子改制考〉进呈御览以尊圣师而保大教折》，《康有为全集》第四集，第92页。

其要挟。莫若直与其教会交，吾亦设一教会以当之，与为交涉，与定和约，与定教律，亦在于变法也。[1]

其次，康有为提出了孔教组织化的一些基本设想，尤其是希望推举孔子后裔衍圣公为孔教总理，并设立孔教会，这成为康有为延续久远的一个制度设计。后因游历日广，他对孔教会的设想产生了一些变化，但是将儒教宗教化的想法则并没有变化。他说：

吾举国皆在孔子教中，何待设教会？然圣像之毁，可为寒心，非合众聚讲，不能得力。窃谓我列圣以来，尊崇先圣孔子，过绝前代世袭上公，礼待优隆。若皇上通变酌时，令衍圣公开孔教会，自王公士庶，有志负荷者，皆听入会。而以衍圣公为总理，听会中士庶公举学行最高为督办，稍次者多人为会办。各省府县，皆听其推举学行之士为分办，藉其名于衍圣公，衍圣公上之朝。人士既众，集款自厚。听衍圣公与会中办事人选举学术精深、通达中外之士为委员，令彼教总监督委选人员，同立两教和约，同定两教法律。若杀

〔1〕 同上书，第93页。

其教民，毁其礼拜堂，酌其轻重，或偿命偿款，皆有一定之法。彼若犯我教，刑律同之。有事会审，如上海租界会审之例。其天主教自护最严，尤不可归法国主持。彼自有教皇作主，一切监督，皆命自教皇。教皇无兵无舰，易与交涉，宜由衍圣公派人驻扎彼国，直与其教皇定约、定律，尤宜措词。教律既定，从此教案皆有定式，小之无轻重失宜之患，大之无藉端割地之害。其于存亡大计，实非小补。教会之名，略如外国教部之例。其于礼部，则如军机处之与内阁，总署之如理藩院，虽稍听民举，仍总于圣公。则亦如官书局之领以大臣，亦何嫌何疑焉？[1]

在此奏折中，康有为反复申论保教与保国之关系：

若大教沦亡，则垂至纲常废坠、君臣道息，皇上谁与同此国哉？方今割地频仍，人心已少离矣。或更有教案生变，皇上与二三大臣，何以镇抚之耶？臣愚窃谓，今日非维持人心、激厉忠义，

[1] 康有为：《请商定教案法律厘正科举文体听天下乡邑增设文庙谨写〈孔子改制考〉进呈御览以尊圣师而保大教折》，《康有为全集》第四集，第93页。

> 不能立国；而非尊崇孔子，无以维系人心而厉忠义。此又变法之本也。[1]

将儒家伦常与国家凝聚力结合起来，这是康有为民国之后国教运动的一贯思路。

在许多研究者看来，康有为反对基督教所采用的是“师夷之长技以制夷”的思维方式，也就是以基督教的模式为孔教之范型。[2]然而，如果将康氏的孔教设计仅仅理解为基于宗教争夺的原因，恐怕亦有未周之处，因为孔子的神圣化本来就是儒家发展过程中的一个重要面向，尤其是在汉代谶纬思想以及当时盛行的公羊学系统中，孔子神圣化甚至神秘化的色彩十分浓厚。在公羊学的言说中，孔子要为万世制法，那么其正当性必须来自将孔子描述为一个“奇理斯玛”式的宗教领袖的形象。孙春在说：

> 康有为对孔子的尊崇，一本公羊学者心中的“改制素王”之念，而益张其势。他称孔子为

〔1〕康有为：《请商定教案法律厘正科举文体听天下乡邑增设文庙谨写〈孔子改制考〉进呈御览以尊圣师而保大教折》，《康有为全集》第四集，第94页。

〔2〕黄进兴：《作为宗教的儒教——一个比较宗教的初步探讨》，载氏著：《圣徒与圣贤》，第51—52页。台北：允晨文化实业股份有限公司，2001年。

“天命大圣”，孔子所立制度为“圣制”、“改制之圣法”、“世法”、“以教万世”，实已含有宗教化的倾向，与他后来欲建“孔教会”有莫大的关联。这种思想，是由公羊家“孔子受命改制”的观念来的。〔1〕

有趣的是，根据康有为自述，他甚至一度有自为教主的打算。1914 年 12 月，当参政院提议以忠孝节义为立国之精神并获得通过的时候，康有为十分高兴，认为只有孔子的思想才能作为立国之精神，只有孔子才能做教主。他说：“吾少尝欲自为教主矣，欲立乎孔子之外矣，日读孔氏之遗书，而吹毛求疵，力欲攻之，然而不能也。时或批却导窍，间有可乘，无如孔子又有三统三世之说，圆通无外，溥博渊泉，而时出之。”〔2〕

康有为的孔教设想，其意图并非没有了然者，比如陈宝箴就很明白地指出：

逮康有为当海禁大开之时，见欧洲各国尊崇教

〔1〕 孙春在：《清末的公羊思想》，第 102 页。台湾商务印书馆，1985 年。

〔2〕 康有为：《参政院提议立国之精神议书后》，《康有为全集》第十集，第 206 页。

> 皇，执持国政，以为外国强盛之效实由于此，而中国自周秦以来政教分途，……是以愤懑郁积，援素王之号，执以元统天之说，推崇孔子以为教主，欲与天主耶苏比权量力，以开民智，行其政教。[1]

这份奏折的递交时间几乎与康有为奉命所上的保大教折几乎同时，这或许可以说明，当时同情改革的人士，并不见得同意康有为的改革措施，但是对于康有为的思路有着相当的理解。

即使是湖南一带坚决反对康有为的思想立场的人，对于康有为的攻击，也并非完全无的放矢。比如王先谦就认为，国家所制定的学习西方的国策，并非是要让人接受西方的宗教。他说：

> 朝廷之所采者西学也，非命人从西教也。西教流行，势不能禁，奸顽无赖从之犹有说也，学士大夫靡然归美，此不可说也。至康、梁今日所以惑人，自为一教，并非西教。其言平等，则西国并不平等；言民权，则西主实自持权。康、梁谬托西教，以行其邪说，真中国之巨蠹，不意光

---

〔1〕 陈宝箴:《奏厘正学术造就人才折（光绪二十四年五月）》，载翦伯赞等编:《戊戌变法》，第358页。神州国光社，1953年。

天化日之中，有此鬼蜮。[1]

王先谦攻击康有为的一个明显错位在于，康提倡孔教，并非是要借此来传播平等和民权，而是认为当自由和民权这样的政治观念传入之后，儒家必须要通过宗教化的方式来守住其教化的领地。

湖南反对康有为最为激烈的叶德辉认为，孔庙本来并非一个宗教场所，如果仿效基督教之礼拜堂来改造孔子，则并不能真正对民众产生吸引力。叶德辉说：

> 康有为平日慨然以孔教自任，其门下士持论，至欲仿礼拜堂仪注拜孔子庙，此等猥鄙之事，楚鬼越禨则有之，岂可施之于大成至圣之前乎？且中人孩提入塾，无不设一孔子位，朝夕礼揖，至于成人，但求不悖于人伦，以对越孔子在天之灵。处则为孝子，出则为忠臣，虽不祀孔子，孔子亦岂汝咎？若以施之于乡愚，则孔庙不能投杯筊，而乡愚不顾也；若以施之于妇人女子，则孔庙不能求子息，而妇女不顾也。夫中国淫祀多矣，其所以若存若亡者，以禁例森严，不敢为惑世诬民

[1] 王先谦：《王祭酒与吴生学兢书》，载苏舆著，胡如虹编：《苏舆集》，第181页。湖南人民出版社，2008年。

之事耳。西人一天主、一耶稣，教会之名至盈千万，此其结会相仇，兵连祸续，西人未尝不痛恨之。康有为隐以改复原教之路得，自命欲删定六经，而先作《伪经考》，欲搅乱朝政，而又作《改制考》。其貌则孔也，其心则夷也。[1]

叶德辉从西方宗教战争的角度来说明基督教并不是一个名至实归的模仿对象，从而认定康有为以基督教的方式来改造儒家，反而可能使儒家教化基督教化，最终使儒家的纲常伦理无所依托。

叶德辉认为，西方所胜于中国的，并不是颜回和子贡，也不是孟子和公羊；所以中国的当务之急，并非新立教会，改设孔教，而是兴办新式学堂，学习西方的枪炮和造船技艺，这样才有能力与西方对抗。

在晚清十分纠结的保国和保教的问题上，叶德辉是坚决站在“保君”的立场上，他说：

中西异教，近今不无强弱之分，《劝学篇》言保国即以保教，国强而教自存，此激励士夫之词。其实孔教之存亡，并不系此。大抵地球之世，君

〔1〕 叶德辉：《叶吏部与刘先端、黄郁文两生书》，载苏舆著，胡如虹编：《苏舆集》，第186—187页。

主兴则孔教昌，民主兴则耶教盛。……敬天、孝亲、爱人之理，中西所同，独忠君为孔教特立之义，西教不及知也。[1]

据此可见，叶德辉等人所担心的是孔教活动会摧毁儒家所力持的忠君思想，而传入的基督教则会导致民主的兴起。很显然，他们深受当时热衷于通过强调变法、学习西方的传教士思想的影响，误以为基督教是西方现代政治的基础，而不了解正是因为政治和宗教的分途才导致西方现代政治观念和政治制度的确立。

叶德辉虽然并没有仔细讨论“宗教”和“教化”内涵的差异，但他也从政教关系出发来讨论儒家和基督教的异同，并认为儒家切近人伦的优势将使其在西方得到传播。叶德辉在给皮锡瑞的信中指出：康有为只是“藉保护圣教为名，以合外教者，巧言也”[2]。叶德辉坚信根本用不着为孔教的前景忧虑，认为即使基督教等传入中国，其命运也会如佛、老在传统中国一般而最终被同化，原因在于儒家基于人情，而宗教只能起辅助作用。叶德辉说：

---

〔1〕 叶德辉：《叶吏部与俞恪士观察书》，《苏舆集》，第201页。

〔2〕 叶德辉：《叶吏部与南学会皮鹿门孝廉书》，《苏舆集》，第190页。

> 中国服圣人之泽久矣，虽不识字之农夫牧竖、妇人幼子，无不有“孔子”二字横于胸臆间。盖圣人之教先之以人伦，而以神道辅其不及。耶稣之教先慑之以鬼神，而又专主一祀，抑伦理于后。其间次第、浅深，地球开通之时自有定论。……及门中有以中西政教利害相质者，鄙论以为，中国政宽而教实，西国政实而教虚。又论五常之性，以为中国本之于仁信而以礼实之，西国本之以义智而亦以礼贯之。礼者，圣人之教，人心之所同也，孔教何患不行于西国哉?[1]

在这里叶德辉将儒耶作了比较，强调圣人之教是以人伦为基础，神道只是一个补充，就此，他与康有为对于儒家特性的理解是一致的。但是在比较中西的政教关系时，他显然并不完全是在讨论政治和宗教的关系，即他认为中国之教实，西方之教虚，这两个“教”字并非在相同的意义上使用。这样，他的比较便并非基于宗教教义，换言之，叶德辉并没有对“宗教”与传统中国的“教化”观念之间的差别做过仔细的考察。陈熙远说：

---

〔1〕 同上书，第191页。

> 作为晚清维新运动的领导者，康有为无疑深受西方基督教传播的启示，他慨然以马丁路德自许，试图对儒教进行制度性改造，确为耸动当时的立论。康有为旗帜鲜明的孔教新诠与保教主张，往往使人误以为将孔教“宗教化”乃是康有为的创论。事实上当时不少以维持“名教”自任的士大夫，却同样在“翼教”——辅弼圣/礼/儒教——的旗帜下，对康有为提出强烈批判。尽管当时许多士大夫反对康有为维新运动，并抨击康氏对儒学的解释，但是他们不必然在“儒教作为宗教”的议题上与康有为形成对峙。因为当时儒教是否为“宗教”根本尚未构成问题。[1]

戊戌变法失败之后，康有为开始了他的流亡生涯。在离开日本之后，康有为有一段长期周游世界的经历，其足迹遍及美洲、欧洲、非洲、亚洲的许多国家。特别是他游历意大利、德国和英国，使他进一步了解了欧洲宗教改革与政教关系的情况，从而反过来加深了他对于孔教问题的思考。

---

〔1〕 陈熙远：《“宗教”——一个中国近代文化史上的关键词》，载《新史学》第十三卷第四期（2002年第12期），第53页。

这个思考的重点就是“宗教”与“教化”的关系，并从有关将“religion”翻译为“宗教”这个看似技术性的问题入手。其实，随着基督教的迅速传播，对于“religion”一词的翻译，早就引起中国先知先觉人士的关注。

现代汉语中用“宗教”来对译“religion”，普遍认为是从日本移植而来。宗教这个词，在中国文献中最早出现大约起于南北朝。刘锦藻说：“古无所谓‘宗教’也，自释氏入中国，其道自别为宗，于是六朝后有此说。”[1]因此，严格地说，宗教这个词并不能算是外来词。陈熙远先生经过对中国古籍中所出现的“宗教”一词的追溯，认为其含义主要是泛称某一宗派所奉行的教义，或特指某学门教派的宗旨或教义，一般局限于特定的教门或学派，而不是像作为“religion”中译词的“宗教”这样是对于所有教派的总称。[2]

晚清较早讨论“religion”与中文的“教”之关系的彭光誉认为，中国儒家传统文献中的“教”与“re-

〔1〕 刘锦藻：《清朝续文献通考》，第8486页。商务印书馆，1936年。
〔2〕 陈熙远：《“宗教”——一个中国近代文化史上的关键词》，载《新史学》第十三卷第四期（2002年第12期），第46—47页。

ligion”之间有关键性的差别。大致而言,“教”主要指的是“礼教”和“教化”,而“religion”的含义则包括“教人顺神、拜神、爱神、诚心事真神之理”。由此而言,彭光誉认为“religion”的最佳中文对应词应该是“巫”,而神职人员则相当于“祝”。[1]很显然,彭光誉的辨析,有两点是十分值得注意的:一是通过强调“religion”与神的关系,而指明其与以礼教为核心的孔教之间的差别,二是以巫、祝来翻译神教与神职人员,从而贬低宗教或宗教人士的社会地位,彰显了儒家教化在中国人生活世界中的重要性。

我们并没有明确的证据来证明康有为阅读过彭氏的作品,但是从康有为对于宗教一词的辨析和对于孔教的“人道”特色的强调,可以看出,彭着力提出的礼教与神道之间的差别与康有为孔教理论的立足点不谋而合。

如果以康有为已刊的作品为依据,我们可以断定,几乎在康有为写作的初期,他就开始对“教”字进行辨析。他最早的系统的作品《教学通义》,成书于1885年,开篇就讨论“教”,认为“教”包括礼教伦理和事物制备两方面,也就是通常所谓的“教”与

〔1〕 同上书,第40—41页。

"学"。[1]该书的重点虽然是在讨论传统中国的教化和学习制度，但文中十分明确的提出，儒家应加强在民间社会的传播。

在写于1886年的《康子内外篇》中，康有为已经将孔教与世界上别的宗教相提并论了。但从世俗生活和鬼神世界来区分孔教与其他宗教的差别，可以发现其后来辨别"人道教"与"神道教"的雏形。他说：

> 天地之理，惟有阴阳之义无不尽也，治教亦然。今天下之教多矣：于中国有孔教，二帝、三皇所传之教也；于印度有佛教，自创之教也；于欧洲有耶稣；于回部有马哈麻，自余旁通异教，不可悉数。然余谓教有二而已。其立国家，治人民，皆有君臣、父子、夫妇、兄弟之伦，士、农、工、商之业，鬼、神、巫、祝之俗，诗、书、礼、乐之教，蔬、果、鱼、肉之食，皆孔氏之教也，伏羲、神农、皇帝、尧、舜所传也。凡地球内之国，靡能外之。其戒肉不食，戒妻不娶，朝夕膜拜其教祖，绝四民之业，拒四术之学，去鬼神之治，出乎人情者，皆佛氏之教也。耶稣、马哈麻、

〔1〕 康有为:《教学通义》,《康有为全集》第一集，第20页。

一切杂教皆从此出也。[1]

在这段话中，康有为虽然并没有专门讨论“教”字的含义，主要还是从教化的角度来使用它的；但是，当他将孔教与别的宗教对举的时候，必然要面临两者的同异问题。从他的区分中，我们隐约可以看出其矛盾，即孔教既为宗教之一种，又与别的宗教不同，这也是他后来一贯的看法。戊戌变法时期他的孔教主张几乎都是沿袭这样的矛盾。

然后在游历欧美之后，康有为认为需要进一步对“教”的含义作出分析，以应对各种对他的孔教设想所作的批评。

1904年，康有为游历意大利，对其宗教活动尤其看重。他发现意大利人对于传统的语言文字和风俗习惯均十分自爱，因而认为中国人也应该珍视孔子之道。他说：

> 各国于其本国言语、文字、历史、风俗、教宗，皆最宝爱之，敬重之，保存之，而后人性能自立，一国乃自立。故各国学堂、狱、医必有其敬礼国教之室，不如是则殆比于野蛮人。况孔子之道，既兼含并包，又为吾国所产，尤为亲切。

[1] 康有为:《康子内外篇》,《康有为全集》第一集，第103页。

与他国之尊他邦之圣者不同，故应与阿剌伯之敬摩诃末同耳。[1]

在这篇游记中，康有为开始反驳只有神道才算宗教的说法，而他从功能上去理解“教”字，认为所有劝告人们为善去恶的理论均可以称之为“教”，无论是以神道的方式还是以人伦的方式，抑或两者兼具，都是“教”。他说：

> 或有谓宗教必言神道，佛、耶、回皆言神，故得为宗教；孔子不言神道，不为宗教。此等论说尤奇愚。试问今人之识有“教”之一字者，从何来？秦、汉以前，经、传言教者，不可胜数。是岂亦佛、回、耶乎？信如斯说，佛、回、耶未入中国前，然则中国数千年为无教之国耶？岂徒自贬，亦自诬甚矣！夫教之为道多矣，有以神道为教者，有以人道为教者，有合人、神为教者。要教之为义，皆在使人去恶而为善而已，但其用法不同。[2]

康有为还从人类认识发展的不同阶段来划分“教”的方法的发展，认为远古人们因为智力发展的

---

〔1〕 康有为：《意大利游记》，《康有为全集》第七集，第374页。

〔2〕 同上书，第375页。

限制，害怕神鬼，因此，圣人就用神鬼来警示人们向善去恶。他说：

孔子恶神权之太昌而大扫除之，故于当时一切神鬼皆罢弃，惟留天、地、山川、社、稷五祀数者，以临鉴斯民。虽不专发一神教，而扫荡旧俗如此，功力亦极大矣！……况孔子实为改制之教主，立三统三世之法，包含神人，一切莫不覆帱，至今莫能外之。其三世之法，与时变通，再过千年，未能出其范围。朱子不深明本末，乃仅发明《论语》，以为孔子之道在是，则割地偏安多矣。此乃朱子之孔子，非真孔子也。或乃不知孔子实为儒教之祖。误以为哲学之一家，乃以梭格拉底比之，则亦一朱子之孔子而已。但孔子敷教在宽，不尚迷信，故听人自由，压制最少。此乃孔子至公处，而教之弱亦因之。然治古民用神道，渐进则用人道，乃文明之进者。故孔子之为教主，已加进一层矣。治较智之民，教主自不能太尊矣。[1]

这就是说，孔子已经超越了用神道来教化的方式，但包括朱熹在内的前贤并不能体会孔子之用心，反而因

〔1〕 康有为：《意大利游记》，《康有为全集》第七集，第375页。

其理性化的一面而看不到其作为宗教家、教主的特质。

同是在1904年，康有为造访英国，并参观了牛津、剑桥等大学。在与剑桥大学的华文总教习斋路士的会见记中，他讨论到对于日本人用“宗教”对译“religion”的不当之处：

> 日人以神道为宗教，乃日人之妄定名词耳。因是之故，佛、耶、回之言神道者，则以为教；儒不如佛、耶、回之专言神道，则以为非教。试问教之为文义，并非日文，亦非西文，乃出于吾之古经传纪者也。若《书》之称敬敷五教，在宽，教胄子，《易》言教思无穷，《论语》言子有四教，《孟子》言教亦多术，又曰教以人伦，逸居而无教，则近于禽兽，《史记》称仲尼弟子以友教于四方，此皆至近之说，人人共知；教之为义至浅，亦人人共识；岂有数千年文明之中国而可无教？又可无主持教化之人乎？若数千年之中国而可无教也，则中国人不皆沦为禽兽乎？[1]

在这里，康有为认为，既然中国自古就有“教”

---

〔1〕康有为：《英国监布烈住大学华文总教习斋路士会见记》，《康有为全集》第八集，第33页。

字，那么这个词的含义应该从古典中找根据，而不能以英文中的意思来规定。同时，康有为从教化的意义来理解“教”，认为中国是一个有教的国家。

当然，这个证明中有一个逻辑上的陷阱，即以中文中有“教”字和中国的教化传统来证明中国是一个有“宗教”的民族，这中间已经存在概念上的跳跃。这种跳跃体现了康有为的内在矛盾，即，既要证明中国是一个有宗教的国家，又要强调儒家与其他以信神为标志的世界性宗教的差别。他进一步又从影响力的角度来规定宗教领袖，以孔子为中国人崇拜而将之比附为耶稣和穆罕默德，这也混淆了一般性的崇拜和宗教信仰之间的关系。他说：

> 夫教者，中国之名词。教者效也，凡学、觉、交、效、爻、孝，皆从此义。大意乃以二物相合，先知觉后知，先觉觉后觉，一人先立一道术，后人从其道而效之之云耳。中国既自有其教数千年，而《史记》秦扶苏称诸生皆效法孔子，汉武帝称诸子不在孔子之道者绝勿进，而学者束发读经，入学皆拜孔子，犹欧之奉耶，突厥、波斯之奉回。此中国数千年之实事，而非梦呓虚幻之言，虽愚者亦皆知之也。夫举国数千年皆尊奉其道而效之，

不谓之有教、不谓之教主而谓何?[1]

康有为鄙视日本人用“宗教”来翻译“religion”,认为这样的翻译与汉语的习惯不符,中国人有说宗庙、祖宗,没有说宗教的,而日本人以宗教来说佛教,但是将“宗”加在“教”的前面是很说不通的。[2]

康有为发挥他在意大利游记中所指出的不同时期教化方式的差异问题,认为以基督教为原型的“religion”应该被翻译为“神道”,但是“教”并不限于“神道”,因此,如果要以“宗教”来翻译“religion”,那么就应该扩大其内涵,即指一切教。这样,“宗教”一词虽是“religion”的中文翻译,但它还应包含其他的教化方式,比如像孔教那样以人伦教化为主的人道教。他说:

今日人宗教之名,本由译欧美之书而出。盖因欧人向宗耶氏,别无他教,故其名谓之厘利尽 Re-

---

〔1〕康有为:《英国监布烈住大学华文总教习斋路士会见记》,《康有为全集》第八集,第34页。

〔2〕黄兴涛认为:“从康有为的论证方式来看,他却存在着以传统汉语中的‘教’字内涵,一厢情愿地强行解 religion 的问题。这与今天汉语中翻译 religion 的‘宗教’一词流行以后,反过来影响对传统带‘教’字词汇含义的理解,造成‘儒教’、‘道教’等概念内涵狭隘化认同的问题,有着相通之处,但方向恰好相反。”参见黄兴涛:《新名词的政治文化史——康有为与日本新名词关系之研究》,载黄兴涛主编:《新史学》第三卷,第121页。中华书局,2009年。

ligion。厘利尽者，谓凡能树立一义，能倡徒众者之意。然则与中国所谓教别无殊异，所含广大。或谓中含神道之义，则因耶教尊上帝，而欧土之教只有耶氏，故附会之，并非厘利尽必限于神道也。若令厘利尽之义必限于神道，则当以神道译之，而不可以宗教称之；又或以神教译之，而不可以宗教称之。……然若限于神道为教，则宇宙甚大，立教甚多，岂必尽言神道者？凡能树一义，以招徒党而传于后者，苟非神道，则以何名之？何以译之？既无其他名词，则亦不能以厘利尽目之。则厘利尽亦应为一切诸教之广义，而不能仅为神道之专词矣。[1]

康有为晚年越来越接受以“宗教”来翻译“religion”，可能的原因是这个翻译已经被广泛地接受。1923年6月，康有为在济南的演讲中说：

日本人曰宗教，英文为哩利尽，即神道教也。如婆罗门教、佛教、基督教、回教，皆劝人为善者，但只注重灵魂。译为宗教，不误也。孔子之教，不专言灵魂，而实兼身兼魂，无所不包；简

[1] 康有为：《英国监布烈住大学华文总教习斋路士会见记》，《康有为全集》第八集，第34页。

而言之，曰人道教而已。[1]

但是，孔教与别的宗教的差别却是他始终坚持的。康有为认为，孔子教化是有异于其他以神道为基本范型的人道宗教，这也是儒家不同于别的宗教的特殊之处，而且儒家是高于其他诸教的更高阶段的宗教。“太古尚鬼，则神教为尊；文明重人，则人道为重。要神道人道，其为教人民则一也。孔子者，以人道为教，而亦兼存鬼神。譬如君主有立宪专制之异，神道之教主独尊，如专制之君主焉；人道之教主不尊，如立宪之君主焉。不能谓专制之君主为君主，立宪之君主为非君主，则不能谓言神道者为教，而言人道者非教矣。”[2]

康有为认为，在宗教的发展阶段上，儒家要更“先进”，而且从解决人的精神和社会的全体方面，孔教也要胜过基督教与佛教。[3]为此，他甚至从中国传

---

〔1〕 康有为:《济南演讲辞》,《康有为全集》第十一集，第248页。

〔2〕 康有为:《中华救国论》,《康有为全集》第九集，第326页。

〔3〕 萧公权说康有为试图从几个途径将儒家转化为宗教，并强调儒家的优先性：“（1）应用儒家中可用的思想，并借用佛教和基督教中可借用者；（2）承认各教平等，但坚持儒教在学说上与实用上的优异性；（3）辩称由于在实质上的优异性，儒教在理论上适宜于全人类，是在目前情况下惟一适合中国的宗教。”见氏著:《近代中国与新世界：康有为变法与大同思想研究》，第101页。江苏人民出版社，1997年。

统的魂魄学说中去找根据：

> 祭以尊奉天神人鬼，孔子讲魂而运于人道之内，所谓声明魂魄传于罔极也。诸教只言天，只修魂，道教只修魄。基督至仁，盖专重天也；佛教至智，盖专修魂也，而佛谓战胜上帝为弟子，过矣。基督与佛同，言魂盖与佛之人天教同，故不嫁娶，独尊天，而寡及父母；言仁而寡言孝，尊魂而少言修身也。孔子则天与父母并重，故仁孝兼举，魂与体魄交养，故性命双修。[1]

康有为坚持从人道教的角度来定位儒家，是从历史风俗出发，也就是要证明中国人之所以要信奉孔子，并非是一种权力压制下的结果，而是基于历史文化的合理性。这个合理性在现代民族国家的秩序体系中，显得尤其重要，因为无论是国族导向的民族主义还是种族导向的民族主义，历史风俗上的依据，几乎是建构民族主义最核心的素材。在列文森看来，这几乎是儒家的最后一张牌：

> 只要有人被称为“中国人”，“我们的宗教”指的就是具有独立性和排他性的中国宗教。它是

---

〔1〕 康有为：《长安讲演录》，《康有为全集》第十一集，第276页。

一个永久性的概念，一个不可更改的本质属性，它比任何民意测验都要更接近“民意”。这是在共和制度下儒教倡导者们的真正胜利（也是最后一张牌）。[1]

在康有为及其追随者的论说中，那些更具有普遍性的、已经被世界化的宗教，并不符合当时的中国人建构民族国家核心价值的内在要求。这样的说法似乎也可以从卢梭等人的论说中找到共鸣。[2]康有为之孔教设想明显是要为由天下—帝国体系而进入民族国家体系的现代中国寻找一个价值基础，因为在一个弱势的国家里，“王者无外”的普遍主义只能是一种虚妄的回忆，故而无论是康有为的孔教论还是章太炎等人的“国粹”论，他们对于即将要建立的国家的合法性之追寻都是投向传统的历史文化和风俗习惯。

但是，当康有为将孔教的基础设定为历史文化的时候，信仰和事实的冲突便立刻显现出来。历史文化

---

〔1〕 列文森：《儒教中国及其现代命运》，任大华、任菁译，第164页。中国社会科学出版社，2000年。

〔2〕 卢梭说：“神圣的宗教崇拜始终是、或者重新变成是独立于主权者之外的了，并且与国家共同体也没有必要的联系。”参见卢梭：《社会契约论》，何兆武译，第166页。商务印书馆，1963年。

的复杂性和多变性导致孔教缺乏其他宗教那种永恒性和超越性的理念，孔教也会因为社会生活的变化而面目模糊。所以陈独秀认为，康有为将孔教视为人道教，似乎比将孔教视为宗教更接近儒家思想的实际，但这样做的一个缺点是，孔教的独立性和持久性会遭受质疑，因为宗教信仰并不会随着世间事物的变化而变化，而日用人伦却相反。“康先生意在尊孔以为日用人伦之道，必较宗教之迂远，足以动国人之信心，而不知效果将适得其反。盖孔教不适现代日用生活之缺点，因此完全暴露，较以孔教为宗教者尤为失败也。”〔1〕相比于陈独秀的极端否定孔教，同为新文化阵营的胡适对于孔教运动的评价似乎比较理性，他对于孔教的批评主要是认为其没有真正解决下列的困难。第一，“孔教”所指者何？是指儒家经典中的那些教义吗？还是它也应该包括那些在孔子之前就已经存在，而经常被大家与儒家思想里的宗教成分笼统地混在一起看的中国古代的国教？或者它是否也应该包括宋明理学中发展出来的形而上学和伦理学？第二，哪些才可以算是

〔1〕陈独秀：《孔子之道与现代生活》，载陈独秀：《独秀文存》，第82页。安徽人民出版社，1987年。

孔教真正的经籍呢？我们是接受所有的经书呢？还是应该先用现代历史研究与批判所发展出来的科学方式去整理它们，以便确定哪些是可信的？第三，我们应该从中文的"教化"、"教育"去理解孔教，还是从西方的宗教意义上去理解孔教？换句话说，我们应该通过重新诠释儒家的伦理和政治学说来充实自己？或者是重构儒家"上帝"、"天"的概念来理解生死问题，如此，孔教就会变成指导我们日常生活和人际关系的精神性和超越性力量。第四，我们应该用何种方法、透过何种渠道去传播儒家思想呢？我们应该如何使儒家的思想深入人心呢？我们如何能使儒家的思想适合于当代的需要与变迁呢？〔1〕

胡适的疑虑从某种角度看是击中了康有为孔教论的要害，但这并不一定能使康有为心悦诚服，因为从前面

---

〔1〕 Suh Hu, "The Confucianist Movement in China: an Historical Account and Criticism", in *The Chinese Students' Monthly*, IX. 7 (May 10, 1914), p. 536. 萧公权认为，康有为孔教运动的失败，最重要的原因是儒家思想主要不是宗教性的，而康氏提倡孔教的方式也不能使很多人信服，因为他不是从信仰本身出发，而是从争取政府认可的角度入手。而他讲究享乐性生活的特点，也使他的个人形象与宗教家背离。见氏著：《近代中国与新世界：康有为变法与大同思想研究》，第 102—104 页。江苏人民出版社，1997 年。

对于“教”和“宗教”字义的辨析中，我们可以看出，有些看似逻辑上的破绽其实是不得不然的。要把一个理性化的思想体系改造成一个宗教信仰，这本身的跨度就足以让人惊叹。再者，康有为对于孔教的设计，其真正的目的也不在于要建立一个“宗教”，而是为了“通过宗教化来保存孔教”。[1]而胡适基于科学主义的方式去求孔教之“真”更是缘木求鱼之举。

二 孔教与国教：民族国家建构中的“宗教”因素

在一个政治与宗教日益分离的国际格局之下，康有为念念不忘的孔教设想，似乎既不符合儒家的主流传统，又不符合时代的大趋势。那么为何康有为对于孔教抱持如此大的愿力呢？其中有一个关键的因素，就是建构新国家，他要为刚刚进入民族国家体系的中国寻求国家凝聚力的价值基础。梁启超说：

> 先生之言宗教也，主信仰自由，不专崇一家，

---

〔1〕房德邻：《儒学的危机与嬗变——康有为与近代儒学》，第 177 页。台北：文津出版社，1992 年。

> 排斥外道，常持三圣一体诸教平等之论。然以为生于中国，当先救中国；欲救中国，不可不因中国人之历史习惯而利导之。又以为中国人公德缺乏，团体涣散，将不可以立于大地；欲从而统一之，非择一举国人所同戴而诚服者，则不足以结合其感情，而光大其本性。于是乎以孔教复原为第一着手。[1]

这段话中有两点值得注意，一是因“历史习惯而利导之”，二是以“孔教复原”来结合感情。与革命派诉诸种族仇恨的民族主义相比，以共同的文化因素来凝聚人心，一致抗敌，无疑是一个比较具有远见的方略。

前文曾经讨论过，康有为建立保国会时，也提出保国、保种、保教三结合的思想，这里有一个深层的原因在于，只有教的存在，才赋予这个种族与国家以意义或特性。这也是晚清许多政治家的共识。在亡国灭种的危机之中，保教的任务相比于保种与保国来说似乎并不迫切，但是如果没有教的存在，保国的动力何在呢？张之洞认为，这是“三事一贯”的。他说：

---

〔1〕 梁启超：《南海康先生传》，载夏晓虹编：《追忆康有为》，第 12 页。

> 吾闻欲救今日之世变者，其说有三：一曰保国家，一曰保圣教，一曰保华种，夫三事一贯而已矣。保国、保教、保种，合为一心，是谓同心。保种必先保教，保教必先保国。种何以存？有智则存，智者教之谓也。教何以行？有力则行，力者兵之谓也。故国不威则教不循，国不盛则种不尊。[1]

张之洞将儒家伦常与清朝统治的存续联系起来，回避了保国和保朝廷之间可能存在的多样化解释，而是主张抛弃异议[2]，将保国、保种和保教结合起来，并凸显保国的优先性。他说：

---

〔1〕 张之洞：《劝学篇》，第50页。中州古籍出版社，1998年。

〔2〕 杨贞德说："在中西对峙和朝野对立快速升高的过程中，保种、保教和保国主张的多重意义迅即浮现，并且与此前满、汉之间未能完全弭平的间隙和敌意，汇流成为晚清知识界无可避免的难题。其中所涉及的不仅是如何保种、保教和保国，以及保种、保教和保国三者能否兼得，更是如何界定'种'、'教'与'国'三者的意义。后者例如：'保种'意指保黄种或是保华种，保华族或是保满族？'保教'广义而言，意指保真理还是保传统，保中国传统还是保孔教，保孔教中之'仁学'还是'三纲五常'的秩序，保中国既有的宗教还是保从传统转化出的新式宗教？'保国'意指保中国还是保大清，保国家、保朝廷，还是保皇，保习自西方的共和还是保传统的君权？"见杨贞德：《从"完全之人"到"完全之平等"——刘师培的革命思想及其意涵》，第96页，载《台大历史学报》第44期（2009年12月）。

> 今日时局，惟以激发忠爱、讲求富强，尊朝廷、卫社稷为第一义。执政以启沃上心、集思广益为事，言官以直言极谏为事，疆吏以足食足兵为事，将帅以明耻教战为事，军民以亲上死长为事，士林以通达时务为事，君臣同心，四民同力，则洙泗之传、神明之胄，其有赖乎。且夫管仲相桓公、匡天下，保国也，而孔子以为民到于今受其赐。孟子守王道、待后学，保教也，而汲汲焉忧梁国之危，望齐宣之王，谋齐民之安。然则舍保国之外，安有所谓保教、保种之术哉？今日颇有忧时之士，或仅以尊崇孔学为保教计，或仅以合群动众为保种计，而于国、教、种安危与共之义忽焉。〔1〕

与张之洞在《劝学篇》中所强调的朝廷—国家的优先性相比，康有为一直在保大清和保中国之间游离，因此曾被指责为保中国不保大清，并成为反对孔教人士指摘康氏的罪责之一。也许我们可以把康有为理解为文化—国家主义者。在这样的意识之下，孔教和中国之间便成为一个互相定义的结合体，也就是说，没

〔1〕 张之洞：《劝学篇》，第51页。

有孔教，则国家的特性无法确立；而没有国家权力，孔教又难以确立其统摄性的地位。故而，将孔教定为国教的想法便从前期的宗教观念中挺立出来。

在写于1903年的《官制议》中，康有为便提出了设立教部来掌管国教事务的设想。他说：

> 俄、土、波、英皆有教部，与政府对举，最为重要。法、意、普则以教部兼法部，奥、匈、瑞、希则以文部兼教部。盖各国之宪法，信仰各教，虽听人自主，而本国之政治、人心、风俗，则各有其国教之宜，不可失坠也，故皆设教部以统之。中国政治、义理、学校、选举皆出于儒，故礼部者实教部也。[1]

因此康有为提出，应该将礼部正名为教部，原先主持科举等事务的学正，改名为提督教事，并在各府、

〔1〕康有为：《官制议》，《康有为全集》第七集，第311页。康有为的弟子陈焕章就是以“礼”来定义“宗教”的。他说：“今欲证孔教之为教，当先定宗教之界说。宗教二字，在英文为厘里近religion，解释之者，虽各个不同，然大致偏重于神道。若以英文之狭义求之中文，则以礼字为较近。《说文》曰：‘礼，履也，所以事神致福也。’徐铉曰：‘五礼，莫重于祭，故从示。豊者，其器也。’盖礼之起原，始于祭祀，即西人所谓宗教，而我中国亦有礼教之称。”陈焕章：《论孔教是以宗教》，载氏著：《孔教论》，第2页。商务印书馆，1912年。

县皆设立教长。这里虽然使用了“国教”[1]之名，但是我们并没有看到康有为对“国教”意义的解释。从他对礼部和教部关系的处理看，教部的功能应该兼及礼制和教育，即传统儒家的教化的意义。

此后康有为屡屡提及“国教”，他认为一个国家是否有“教”、是否存在“教主”，是人种是否高贵、国家是否文明的标志。要保持人民的自尊、国家的独立，一定要珍爱自己的教主、敬奉自己的国教。他说：

> 苟吾国人士稍能自念身为神明之胄，而不甘遂沦为野蛮禽兽也，其慎无盲从妄说而亦曰吾中国无教、无教主也。知吾国教最文明、最精深，然后吾种贵；知吾国产有教主，道最中庸、最博大、最进化、最宜于今世，可大行于欧美全地，莫不尊亲，然后吾种贵；知吾国有最盛美之教，有神明圣王之教主，我全国及各教宜尊奉之，庶将来使大地效之拜之，如欧人之尊敬耶稣然，然

---

〔1〕在《戊戌奏稿》中，收录有《请尊孔圣为国教，立教部教会以孔子纪年而废淫祀折》，这个奏稿是根据1898年5月递呈的《请商定教案法律，厘正科举文体，听天下乡邑增设文庙，并呈〈孔子改制考〉折》增改而成。在原折中并无“国教”而只有“大教”的提法，但因无法确定这个增改是在哪一年所作，因此并不能断定康有为在1898年就提出了“国教”的说法。

后吾种贵。能知吾种贵，然后不媚外为奴，不称人世纪，而卓然自立；知自立而后学盛道尊，而后种强民贵焉。[1]

康有为认为兹事体大，关系到国家信心的确立。他说：

盖他教虽各有神圣，而中国数千年民俗之宜、功德之盛，无有如孔子者，此为吾国国教也。民间乡曲，宜尽废淫祠而遍祀之，立诸生以同讲劝焉，一如欧美人之祠耶稣，立祭司、牧师也。大中小学校，宜设殿拜跪，祭祀，敬礼，诵经道。创立经学科，尤宜尊崇，其诸生藉以传道，如欧人学校之必有礼拜耶稣之殿以诵经讲道，又必有神学之科焉。宜立儒教为国教，而其余听民之自由信仰，如欧人之以耶稣或天主为国教，而以其余听民之信奉自由也。[2]

康有为在这段论述中，主要强调国教与信仰自由并不冲突，但他在希望大中小学祭祀孔子的同时，并

---

〔1〕 康有为：《英国监布烈住大学华文总教习斋路士会见记》，《康有为全集》第八集，第36页。

〔2〕 同上。

没有讨论政治和宗教分离之后国教仪式与学校的教学之间的关系。也就是说，政治如果干预信仰，那么国教与信仰自由便会产生冲突。这也是后来反孔教国教化人士的主要攻击点。

1904年，康有为还撰写了《物质救国论》一文，于其中提出了一个重要的观点，即欧洲的文明主要在于其物质文明，因此，我们所要学习的是体现欧洲文明的工艺和火炮，而不是空谈民主、革命、平等。他说，中国数十年变法的第一个失误是模仿西方的学校制度，结果不但没有学到西方的实用技术，反而把中国数千年的圣贤经传、道德名义加以舍弃；第二个失误是沉迷于西方的自由革命学说。

因此，康有为认为中国百事败坏的一切根源是不讲求物质之学。在这篇文章中他所讨论的重点是在物质文明方面，并认识到只有精神层面的资源是难以与西方的物质文明及建立在这种文明基础之上的自由、民主的政治原则相抗衡的。解决之道，是发展中国的物质文明，而非空谈自由、共和。他说：

> 吾于四万万人中，亦为粗有知识，于中国之书既无不读，即欧美之学理、事迹风俗亦无不探检而略通之，且亦自竭至诚、舍性命以图救国矣。

> 吾于普大地万国中不在人后，虽地球诸圣哲，吾亦未见其长。然使物质不兴，则即令四万万人者皆如我，然已无补于亡矣。盖我虽略具热诚，粗通学理，而于物质实业不能成一艺，则于救国之实事，即为无用之尤。故犹太有耶稣之生，而数十年即亡；印度有佛，而印度累灭。故苟非与时适用，虽有教主，而无救于国焉！[1]

这其实是从另一个角度来为孔教的合法性找根据，即中国要向西方学习的是他们的物质文明，至于精神层面，则要留给孔教。

---

〔1〕 康有为:《物质救国论》,《康有为全集》第八集，第82页。康有为强调物质文明重要性的文章并不多见。而在1902年，梁启超发表了明确与康有为立场相左的《保教非所以尊孔论》，其中尤其反对康有为教强则国强的论断。他说："至先生谓各国皆以保教，而教强国强。以弟子观之，则正相反。保教而教强，固有之矣，然教强固非国之利也。"参见丁文江等编:《梁启超年谱长编》，第183页。上海人民出版社，2009年。这个时期，梁启超受严复、黄遵宪等人的影响，反对保教的主张，导致康梁师徒关系紧张。但1904年康有为在《物质救国论》中对于物质文明的强调，可以看作是对于梁启超他们说教强并不必然导致国强的说法的正面回应。但是康有为与梁启超的差别在于，梁启超反对保教，其目的是思想自由。在康有为看来，自由和共和本身就属于那个不切实用的非物质文明，对于救中国并无用处。关于这个问题的讨论还可以参见彭春凌:《康梁在孔教能否为国民义思想上的分合》，第39—60页，载《近代史研究》2011年第5期。

中华民国成立之后，康有为的危机感更为强烈。虽然，民权和宪政这样的政治制度是他在戊戌变法的时候就竭力主张的，但在以共和为口号的新的民国建立之后，康有为却开始批评民国的政治现状，甚至开始批评共和与民主的政治体制。

从理论的层面来说，康有为对于民国激进式革命的反对，固然与其建立在公羊三世说基础上的渐进式的政治改良主张有关，但就正面论述而言，他为保留君主象征性权力的“虚君共和”的政治设想，与其建立孔教为国教的主张可以称得上是体用一元的逻辑必然。也就是说，孔教会所要承担的功能主要有两个，一是对于传统价值和生活习俗的继承；二是提供民族国家的合法性基础，因为孔教凝聚了历史和文化甚至民意上的合法性资源。

康有为在这个阶段的孔教主张都与上述两个主题相关。1912 年 6 月，康有为撰写了《中华救国论》一文。在这篇文章与同时期别的文章中，他表达了对民国成立之后的政治现状的极度失望。他认为表面上的政治制度的移植相对简单，关键是要注意政治背后的道德问题。他首先批评的就是众多新成立政党的道德问题，认为民国政治乱象的根源，就是这些因政治变革而建立的新政党在政治学说上普遍无知，在道德层面普遍自私和缺乏社会良知。因此，必须采取两种手段来改良政党。这两种手段包括“输进通识”和“崇奖道德”。关于“输进通识”，他说：

今试问吾国人乎，知共和与立宪政体何别乎？吾国与万国之交关何要乎？吾国孰不如人宜改，孰为国粹宜保，此皆各国人所通习，而吾国老儒博士，或有未解，况欲责之全国之民乎？然既共和矣，一切国民有权参政，全国之民，苟皆无天下万国之通识，必将是者非之，非者是之，颠倒得失，而挟其多数行之，国之不颠蹶，殆无幸也。故输进通识最要也。[1]

近代以来中国人对于民主的警惕始终是存在的，比如，严复对于民智的强调，也是看到了这个新的政治秩序因为吸纳了所有的民众，故而民众本身的知识和修养就会成为一个新秩序能否顺畅运行的重要基础。

康有为引用孟德斯鸠的话说，专制之国尚威力，立宪国尚名誉，共和国尚道德。他并引述英国学者的论断说，民主制度需要有道德的辅助才能使人建立爱

---

〔1〕 康有为：《中华救国论》，《康有为全集》第九集，第324—325页。

法守法的精神。那么如何增进国民的道德呢？康有为认为宗教是不二的选择，主张我国数千年来一直奉孔子之道为国教，所以应该继续尊奉。他说：

> 今吾国数千年奉孔子之道以为国教，守信尚义，孝弟爱敬，礼俗深厚，廉耻相尚。……大地各教，佛、回久入中国，已千余年，各行其是，并行不悖，成效得失，已昭然不待论矣。佛尚慈悲，又明罪福，以训蒙、藏，化民成俗，固不可易。基督尊天爱人，养魂忏罪，其在欧美，教化大彰，以之发人敬畏之心，向善远恶之效，固无不可矣。且亦与孔子之道，多有符合焉。其稍异者，孔子尊天而兼敬祖，故仁孝并重，基督专于敬天，故但尚仁。然今在中国，欲立废祠墓之祭扫，弃祖宗之系，恐未能也。然则苟不欲去教，而欲宜其民之风气事势，以养其性情，而形其法律者，不能舍孔子之道矣。[1]

康有为认为孔教注重人伦道德，是与共和政治相辅相成的。在这里，他继续自己对于人道教和神道教的区分，认为这两者是宗教的不同形式，而且在理性

〔1〕 同上书，第326页。

时代，人道教才是符合时代精神的。对于孔子重纲常、不符合共和体制的质疑，康有为用其一贯的公羊三世说来化解。

对于政治和宗教相分离的世界大势，康有为认为不能简单地套用，而要根据中国的实际情况进行变通，一切应以是否有利于国家的建立和发展为衡量。孔教历来主张兼容他教而无碍，因此，以孔教为国教最可以维护信仰自由的原则。他说：

> 夫政治法律，必因时地而行方制，其视教也诚，稍迂阔而不协时宜，若强从教，则国利或失，故各国皆妙用政教之分离，双轮并驰，以相救助；俾言教者极其迂阔之论以养人心，言政者权其时势之宜以争国利，两不相碍而两不相失焉。今吾国亦宜行政教分离之时矣，即蒙、藏为佛教之地，然佛言出世法，与孔子言入世法，两无相碍。其在中国，儒佛并尊，行之二千年，亦无流弊。且蒙、藏同为共和，必当同化，乃后能选其才而用之。然则教以经传，尤为今治化之本矣。盖孔子之道，敷教在宽，故能兼容他教而无碍，不似他教必定一尊，不能不党同而伐异也。故以他教为国教，势不能不严定信教自由之法。若中国以儒

为国教，二千年矣，听佛、道、回并行其中，实行信教自由久矣。然则尊孔子教，与信教自由何碍焉?[1]

在康有为看来，相对于别的宗教来说，孔教除了其注重人伦教化这样的特色之外，还预先为不同的历史阶段设定了不同的教义准则，因此，孔教既适用于古代中国，也符合未来中国的需要。他说：

圣者创教，达知未然，预观将来，必以通变曲成，乃可大可久，不能通变曲成，则能应当时，必不能应后时之用也。麦加穆护之教，婆罗门弩斯之制，只明据乱之治，而无太平大同之道；故印度、突厥、波斯之民，既难弃其旧教，即无以适其时用也。使孔子无平世大同之道，只言修身，犹虑其偏而不全，缺而不备，即不能曲成不遗也，则置之可也。今孔子有平世大同之道，以治共和之世，吾国人正可欢喜恭敬，讲明而光大之，俾吾四万万人，先受平世大同之乐，而推之大地与万国共乐之。[2]

---

〔1〕 康有为:《中华救国论》,《康有为全集》第九集，第327页。
〔2〕 同上。

按照康有为的看法，佛教与伊斯兰教等只是阐发了据乱时期的教义，所以不适合于当下时代的发展，只有儒家的大同思想才是向未来开放的。

此时，留学美国哥伦比亚大学并一直有建立孔教设想的陈焕章的回归，给了康有为的孔教设想以现实化的可能。为了给孔教的国教化提供组织上的基础，陈焕章在康有为的支持之下组建孔教会。1912 年 10 月 7 日，孔教会在上海成立。1913 年 8 月，陈焕章、严复、夏曾佑、梁启超、王式通等，为请定孔教为国教撰写请愿书，认为共和政体应该奉孔教为国教。请愿书中说：

> 今日国体共和，以民为主，更不容违反民意，而为专制帝王之所不敢为。且共和国以道德为精神，而中国之道德，源本孔教，尤不容有拔本塞源之事。故中国当仍奉孔教为国教，有必然者。或疑明定国教，与约法所谓信教自由，似有触抵，而不知非也。吾国固自古奉孔教为国教，亦自古许人信教自由。二者皆不成文之宪法，行之数千年，何尝互相抵触乎？今日著于宪法，不过以久成之事实，见诸条文耳。信教自由，消极政策也，

特立国教者，积极政策也。[1]

在为孔教会的成立写作的两个序言中，康有为开始着重讨论孔教与国家认同之间的关系，认为孔教是中国之为中国的依据。在写于1912年的《孔教会序一》中，康有为明确地说，国家的意识要立足于宗教之上，因为宗教的功能是政治活动所不能及的：

夫国所与立，民生所依，必有大教为之桢干，化于民俗，入于人心，奉以行止，死生以之，民乃可治。此非政事所能也。……今中国人所自以为中国者，岂徒谓禹域之山川、羲轩之遗胄哉？岂非以中国有数千年之文明教化，有无量数之圣哲精英，

[1] 《孔教会请定孔教为国教请愿书》，《孔教会杂志》第1卷第6号，1913年7月。对此请愿，张东荪赞同孔教是国教的看法，但是认为立孔教为国教是多此一举。“世人对于国教，殊多误解。第一，须知国教非可以强定者也。古代专制之国，其君主具莫大之权力，可以强制人民。政治以力服人，宗教以德服人，政教不分之专制之国，可以政治之力，扶植宗教。若夫共和国，政教既分，则断无强制人民服从宗教之理。而人民固有之服从，亦不能屏弃而禁绝之。此所以专制政教不分之国，其国教之性质，大异于共和政教既分之国中所谓国教者也。第二，须知信教自由，非国民之权利，不过一种消极状态。此消极状态，无关于国教。诚以国教非政治之力而定，乃本于国民自觉心而定耳。是故，国教者，社会上之事业，非政治上之事业。往往一语及国教，辄连想专制，此误解之尤不可不辨也。”张东荪：《余之孔教观》，载沈云龙主编：《民国经世文编（交通·宗教·道德）》，第5040—5041页。台北：文海出版社，1983年影印版。

融之化之，孕之育之，可歌可泣，可乐可观，此乃中国之魂，而令人缠绵爱慕于中国者哉？[1]

在康有为看来，宗教本应着眼于全人类，而不能专为一国利益着想。但是在国与国之间激烈竞争的今天，宗教也要承担激发国民意识的重任。这是民族国家的兴起所造成的社会现实的内在要求。如此，孔教需要一种教会化的建制，以与西方的文化和宗教展开竞争。他说：

> 夫教为天下，不为一国而设。日本近者广厉儒学，崇祀孔子，况吾宗邦而自弃之。且吾国人本皆覆帱于孔教中，不待立会，犹吾国人人皆为中国民，不待注籍也。惟今列国交逼，必有国籍，诸教并立，亦有教籍，则孔教会之立，不可已也。[2]

在清末民初的国家意识建构中，以章太炎、黄节等人为核心的国粹派，就强烈主张以中国的历史文化作为"国粹"、"国魂"以激发民族独立的意识。这样的观念也被康有为曲折地分享，虽然章太炎等人坚决反对孔教国教化的主张，但这并不妨碍康有为将孔教视为中国的国魂。1913年2月11日，他在给《中国

---

〔1〕 康有为：《孔教会序》，《康有为全集》第九集，第341页。

〔2〕 同上书，第346页。

学会报》的题词中指出：

> 夫所谓中国之国魂者何？曰孔子之教而已。孔子之教，自人伦、物理、国政、天道，本末精粗，无一而不举也。其为礼也。陈之以三统，忠、质、文之迭代也；其变易也，通之以三世，据乱、升平、太平之时出也。体之以忠信笃敬，而蛮貊可行；张之以礼义廉耻，而国维不败；推心于亲亲仁民爱物，则仁覆天下矣。立本于事天、养心、尽性，则天人一致矣。其直指本心，至诚无息，必自慎独发之，无使隐微之有馁也；其原本天命，上帝临汝，则必自照临有赫，无使旦明之贰心也。自其中庸言之，则以人为道，被服别声，饮食男女，不离人以为道，故曰道不可须臾离也。自其深微言之，则原始反终，而知死生之说，精气为物，游魂为变，而知鬼神之情状。故自鬼神、山川、昆虫、草木，皆在孔教之中。[1]

康有为认为，国魂若亡，则国家一亡而永亡。所以他支持中国学会的成立，以收集“国粹”，来“补教化，存礼俗，守道揆，正人心”。因此他强调：“诸

〔1〕 康有为：《〈中国学会报〉题词》，《康有为全集》第十集，第16页。

君子而有意保中国，则不可不先保中国魂也。中国之魂维何？孔子之教是也。”〔1〕

康有为所指出的救国路径是，以孔子之教为本，辅之以欧美的物质和政治，这甚至有点张之洞“中体西用”的影子。他说：

> 吾有自产之教主，有本末精粗其运无乎不在之教主，有系吾国魂之教主，曰孔子者。吾四万万人，至诚至敬，尊之信之，服其言，行其行，通其变，身心有依，国魂有归，庶几不为丧心病狂之人。然后能人其人，道其道，国魂不亡，国形乃存。然后被之以欧美之物质，择乎欧美之政治，或不亡耶，且由此而致强可也。〔2〕

1913年7月至8月，他撰写了《中国颠危误在全法欧美而尽弃国粹说》一文，进一步讨论孔教在型铸国魂过程中的作用：

> 凡为国者，必有以自立也。其自立之道，自其政治、教化、风俗，深入其人民之心，化成其神思，融洽其肌肤，铸冶其群族，久而固结，习

〔1〕 康有为：《〈中国学会报〉题词》，《康有为全集》第十集，第17页。
〔2〕 同上书，第18页。

而相忘，谓之国魂。国无大小久暂，苟舍此乎，国不能立，以弱以凶，以夭以折。人失魂乎，非狂则死；国失魂乎，非狂则亡。此立国之公理，未有能外之者。[1]

康有为认为，如果自身的文化习俗中有一些短处，有所补正也是需要的；但如果不问是非得失将自己的政治教化风俗，皆革而去之，对欧美的政治教化风俗，皆迎而从之，那么这是天下至愚之事。他说：

夫政治非空言理想所能为也，以政治法律皆施于人民者，必与人民之性情习俗相洽相宜，乃可令下如流，施行无碍也，非可执欧美之成文，举而措之中国而即见效也。岂徒不效，其性情风俗不相宜者，且见害焉。……今吾国一知半解之士，于欧美之立国根本茫然也，乃大声疾呼曰：一切法欧美。又操觚执简，而为宪法律令，曰法欧美。抄某国之条文，则曰足为自由之保障矣。学某国之政俗，则曰足致国民之治安矣。若是则数留学生稍抄写各国宪法、法令章程，而中国已

〔1〕康有为《中国颠危误在全法欧美而尽弃国粹说》，《康有为全集》第十集，第129页。

治已安、已富已强矣。无如皆为纸上之空文，而非政治之实事矣。[1]

任何的政治原则如果不能与本土的价值理念相结合，其所能发挥的效益是可疑的。

民国之后，教育部废弃读经，并没收文庙学田，而新学堂不再礼拜孔子。康有为于1913年5月致书教育部，指出其将孔庙学田充公来补充学校经费的做法，其结果就是废黜孔子。在这篇《覆教育部书》中，康有为尤其强调教化、习俗与法律制度之间的关系，认为只有宜乎中国人习俗的新制度、新法律才能真正体现共和政治以民为本的实质。他甚至了解西方，尤其是英国的习惯法（不成文宪法）在政治变革过程中对于维护秩序稳定的意义，因此认为在中国处于社会变革的关键阶段，尤其不应该抛弃自身固有的价值和信仰体系。[2]

民国初年因为新学制的引入，经学被割裂为文学、历史、哲学等学科，孔子则相应地被视为教育家、政治家、哲学家等分科之专门家。对此，康有为立场鲜

〔1〕康有为《中国颠危误在全法欧美而尽弃国粹说》，《康有为全集》第十集，第130—131页。

〔2〕康有为：《覆教育部书》，《康有为全集》第十集，第116—117页。

明，坚决反对把孔子看作“一业之名家”，反对割裂孔子精神之完整性，强调要想保持孔子思想的完整性，就必须将其视为“教主”。他说：

> 窃谓诸君子无意于保中国则已也，诸君子而有意保中国，则不可不先保中国魂也。中国之魂维何？孔子之教是也。窃闻诸君子未尝不尊孔也，但所以尊孔也，不尊为教主也。或如今妄人之言，谓之曰大政治家，谓之曰大教育家，谓之曰大哲学家。夫政治、教育、哲学，乃所谓一器一能，庄子所谓耳、目、鼻、口，各明一用，不能相通，不能见天地之容。圣人之大，暗而不明，郁而不发，道术遂为天下裂。……降教主，革圣号，而为一业之名家，此真谤圣之蜚言，毁教之诡术，不可不疾呼而明辨也。[1]

康有为看到的是，如果将孔子专家化，那么，孔教的神圣性便无所依靠。由此，建立孔教更可以被看成是对学科化体系下孔子去神圣化的一种补救。

1913年3月，康有为还做了一件很有意味的事，即自己创制了一部《中华民国宪法》。我们知道立宪政治的基础在于宪法，这个宪法决定了一个国家的性

---

〔1〕 康有为：《〈中国学会报〉题词》，《康有为全集》第十集，第17页。

质及其基本特征。显然康有为的宪法草案体现了他自己对于未来中国的设想，其中尤可关注的是他对于孔教的法律地位的思考。

在康有为的《拟中华民国宪法草案》第十一章第九十六条中说："凡国民苟不扰治安，不害善俗，不妨民事政事之义务者，许其信教之自由。而以孔教为国教，惟蒙藏则兼以佛教为国教。其特别之制，以法律规定之。"[1]

在对这一条文的解释中，康有为首先说明了信教自由在欧洲的来历，并认为中国传统中儒家与其他宗教之间，并不存在天主教与别的宗教或天主教与基督教之间那样激烈的冲突，而是一直将信教自由作为"公理"。因此，一些因为宗教信仰自由而反对立孔教为国教的人，被康有为认为是"大愚"。

康有为指出立孔教为国教，并非于史无据，比如秦国立博士，诸生皆诵法孔子，就说明秦国已经立孔教为国教。而后，汉代定孔子为一尊，立六经于学官，这样的制度延续两千年，充分说明了儒教乃国教。他还认为中国传统的国家认同主要仰赖孔教：

---

〔1〕 康有为:《拟中华民国宪法草案》,《康有为全集》第十集，第81页。

> 其有万里之广土，四万万之众民，以传至今日者，惟有吾中国耳。所以至此，皆赖孔教之大义结合之，用以深入于人心。故孔教与中国，结合二千年，人心风俗，浑合为一，如晶体然，故中国不泮然而瓦解也。若无孔教之大义，俗化之固结，各为他俗所变、他教所分，则中国亡已久矣。……故不立孔教为国教者，是自分亡其国也。盖各国皆有其历史风俗之特别，以为立国之本；故有孔教乃有中国，散孔教是无中国矣。[1]

康有为指出，一些在宪法中明文规定信教自由的西方国家如英、德等国，各有其国教，而“印、美信教自由之纯粹者矣，而总统即位，手按其新教之经而发誓，则亦不成文之国教矣”。[2]

康有为甚至借用瑞士有奉三种宗教为国教的历史，说明除了孔教之外还可以将佛教并列为蒙藏的“国教”：

> 君子治国，不求变俗，谨修其故而审行之。佛之博大精微，又能明罪福以劝戒，入中国久远相安久矣。故在中国，以孔子为国教，在蒙、藏

---

〔1〕 同上书，第82页。
〔2〕 同上书，第83页。

兼以佛为国教，并得其宜，有何碍哉？故必以孔教著为国教，明著宪法。[1]

令人不解的是，与康有为对于“religion”这个词的翻译再三讨论不同，他对于“国教”这个词基本上没有进行基于词源和意义上的辨析，所以，当他在引用国外宪法中的国教条款的时候，我们或许应该假定他了解这个“国教”在西方政治或宗教体系中的意义。但是，康有为在讨论孔教为“国教”的时候，所采用的意义也并不一致。在1912年发表的《以孔教为国教配天议》一文中，所谓的“国教”其实就是礼俗教化，以及由这样的大传统渗透而下的小传统，即民间习俗。所以他说：

故凡国，必有所谓国教也。国教者，久于其习，宜于其俗，行于其地，深入于其人心者是也。虽诸教并立，皆以劝善惩恶，然宜不宜则有别焉。[2]

---

〔1〕 康有为：《拟中华民国宪法草案》，《康有为全集》第十集，第83页。

〔2〕 康有为：《以孔教为国教配天议》，《康有为全集》第十集，第91页。1923年11月，康有为在陕西孔教会演讲中讲了这样一个故事：“吾前在美时，门人陈焕章与各教中人辩论，问于吾。吾曰：汝问之。曰：汝食乎？曰：食。曰：汝衣乎？曰：衣。汝居室乎？曰：居。汝有夫妻乎？曰：有。汝须忠信乎？须文行乎？曰：须。应之曰：衣、食、住，夫妻、文行、忠信，即孔子之教也。然则汝实孔教矣。”见康有为：《长安讲演录——第四次讲演》，《康有为全集》第十一集，第283页。

其实，以私意度之，康有为之所以并没有着力讨论“国教”在西文中的本义，或许是要避免该词所带给人的破坏信仰自由的口实。但如何在新建立的共和国家中树立儒家的排他性优势却同样是康有为所追求的，尽管这两种目标明显是互相矛盾甚至对立的。在康有为看来，将孔教上升为国教又是儒家体制解体之后之必须，否则儒家之旧有地位便难以保障。他甚至将之视为真正的民意，体现出儒家“人民性”的一面。[1]曾亦说，如果只是着眼于治教分途，

> 南海之孔教主张，不免降低了孔子及其学说的地位，此绝非南海之本愿。是以南海实欲进一步使孔教上升为国教，发挥其政治教化及世俗教育之权，并且，又谓孔教为人道教，不重神权，最宜于今之世俗社会。儒学经此一番收造，不独未失其旧有地位，又能切合当今之现实也。[2]

孔教会分别于 1913 年 9 月与 1916 年两次提出希望通过法律程序来立孔教为国教的提案，但最终都没

---

〔1〕 列文森：《儒教中国及其现代命运》，第 164 页。

〔2〕 曾亦：《孔教与国教——儒学之保存与重建》，载氏著：《共和与君主：康有为晚期政治思想研究》，第 256 页。上海人民出版社，2010 年。

有获得通过。反对者的理由十分复杂，艾知命所作的《上国务院暨参众两院信教自由不立国教请愿书》，可以说集中地表达了反对者的理由，虽然对这些理由康有为和陈焕章都做了不同程度的回应性解释。该请愿书强调信教自由是欧洲人基于长期的宗教战争而争取的权利，其制定国教本身也是为了定一统而消弭战争；在这样的大背景下，中国却提出立国教的动议，则势必会（1）激起宗教之纷争，（2）破坏五族之共和，（3）违背民国之约法，（4）阻碍政治之统一。“总之，中国本不以宗教为重轻，则国教可不必立，而一言五族共和，则国教尤不可立。”[1]因此提出立孔教为国教的请愿书，不但昧于时势，而且也是对孔子的歪曲，因为孔子是教育家、政治家，却不是宗教家，这是东西方学者的共识。还有学者甚至担心立孔教为国教，将使在这块土地上从未出现过的教祸“发现于中国”。[2]

陈独秀认为孔教并不能以宗教视之，孔子也非教主。即使孔教存在，也不能牵入政治，因为“政教分

[1] 艾知命：《上国务院暨参众两院信教自由不立国教请愿书》，载沈云龙主编：《民国经世文编（交通·宗教·道德）》，第5144页。

[2] 丁义华：《教祸其将发现于中国乎?》，载沈云龙主编：《民国经世文编（交通·宗教·道德）》，第5146页。

途，已成公例，宪法乃系法律性质，全国从同，万不能涉及宗教道德，使人有出入依违之余地”。[1]在他看来，孔教与共和国体是格格不入的：

> 我想主张孔教加入宪法的议员，他必定忘记了他自己是共和民国的议员，所议的是共和民国的宪法。与其主张将尊崇孔教加入宪法，不如爽快讨论中华国体是否可以共和。若一方面既然承认共和国体，一方面又要保存孔教，理论上实在是不通，事实上实在是做不到。[2]

张勋对于立孔教为国教的热心和康有为对于复辟的“有限”参与，似乎坐实了陈独秀对于孔教的一贯批评。因此当张勋复辟事件出现之后，陈独秀就从孔教的尊君等观念出发，认为“主张尊孔，势必立君；主张立君，势必复辟，理之自然，无足怪者。故曰：张、康复辟，其事虽极悖逆，亦自有其一贯之理由也”。[3]

当康有为对于“虚君”的政治设计落实为袁世凯与张勋的复辟之后，即使他曾激烈地反对袁世凯称帝，

〔1〕 陈独秀：《再论孔教问题》，载《独秀文存》，第92页。
〔2〕 陈独秀：《旧思想与国体问题》，载《独秀文存》，第104页。
〔3〕 陈独秀：《复辟与尊孔》，载《独秀文存》，第115页。

或并不一定同意张勋的作为，但事实上还是强化了反对者对孔教与传统专制政治之间的关联的指责。遗憾的是，反对者并没有从文化民族主义的角度，去理解康有为对于孔教与国家意识和国民精神培养之间，以及文化传统与政治之间复杂关系的思考，这些在抱持政治理想主义的陈独秀眼里一并被认为是中国接受现代民主政治体制的障碍。这种简单化的论断掩盖了康有为思路中对西方政治模式的反思，进而导致中国的政治走向被一种脱离中国现实的浪漫主义情怀所笼罩。

辛亥革命后百年的历史已然表明，政治理想主义与政治现实主义在一种无奈中获得了一个投机性的妥协。而当下中国不甚清晰的“中国模式”的提法，则把近代以来所有的政治理想都不加分辨地容纳其中。在这个框架中，康有为的一些渐进主义式的、肯定文化价值传统的改良方案，重新得到了重视，他的孔教制度化设想尤其得到了许多的应和者。但是，我们能否有一种新的角度来重思康有为的孔教论说和实践呢？或者说，我们能否用一种新的理论视野来帮助我们摆脱康有为曾经有过的人道教和神道教的纠结，摆脱国家认同和建立国教之间勉强的结合？

对于儒家这样一个缺少组织化和超越性的准宗教

形态，试图“国教化”的努力不仅不符合宗教发展的大趋势，也不符合儒家自身“神道设教”的理性化色彩。因此，如果儒家想寻求一种既能在现代社会形态中发挥作用，又能符合其内在特点的“宗教”形式，那么，公民宗教或许是一种值得尝试的思路，也可能是孔教未来的发展可能。

三　国教乎？公民宗教乎？

如前所述，康有为通过重新解读“国教”，确立了孔教“国教”形态成立的几个前提，比如，它不像西方“神道”宗教那样脱离世俗的世界；它更接近于传统的教化而非宗教之“教”。因此，究其实，康有为师徒定孔教为国教的主张及其实践，与其说是一种宗教运动，不如说是一场希望借助宗教形式来推动的国民道德运动。所以，1914 年国会虽没有通过孔教国教法案，却同时推出了一个补充性条款：“以孔子的道德为国民修身之大本”。由此可见创设孔教的目的与其说是确立信仰，不如说是旨在提升国民道德。

如果说康有为所推动的国教运动是一场针对新的政治体制的国民道德运动的话，其目的是增强社会的凝聚力和为新的政治秩序提供价值基础。这样，孔教与公民宗教之间似乎就建立起了一种联系。也即，从某种意义上说，康有为的孔教设计更接近于“公民宗教”。

从建立孔教的目的而言，康有为主要是为新建立的共和国提供一种他所认为的好公民的道德意识。陈独秀对康有为的孔教的批评集中于孔教与专制的关系，但是康有为的虚君共和的设想并非是要维持帝制，而是希望借助帝王的名号来维护传统的道德。这与卢梭和贝拉的建立公民宗教的目的有一致之处，汲喆说：“卢梭和贝拉的公民宗教绝不是为了合法化既有的政权。为了给民主、法治的共和国培养好公民，公民宗教要时时提防政治有违公意，并将其置于价值而不是利益的评判之下。”〔1〕

再者，康有为的国教建制也与公民宗教有相似之处。康有为对于孔教属于人道教的厘定，客观上符合公民宗教并非一种建制性宗教的基本前提。按贝拉的说法，正因为属于非建制性宗教，公民宗教并不是一种宗教。

---

〔1〕 汲喆:《论公民宗教》，载《社会学研究》2011 年第 1 期，第 8 页。

引入公民宗教的概念来讨论康有为的国教设想，可能会造成双重的误解。这一方面是因为康有为并没有给他的“国教”概念提供清晰的描述，另一方面，公民宗教概念本身也迷雾重重。Peter Lüchau 根据贝拉发表于 1967 年的《美国的公民宗教》(Civil Religion in America) 一文，归纳出公民宗教的五个基本元素，即：第一，神圣物的存在（the presence of a divine being）；第二，神圣物不可侵犯（that the divine being be non-offensive）；第三，凝聚社会群体（integration of the majority society）；第四，独立于国家与教会（independence of both state and church）；第五，预言的潜能（a prophetic potential）。[1]因此，我们应该放弃简单的比附，而寻求新的思路。

康有为之国教论，倡导于逐渐兴盛的科学主义思潮之中，他想在毁弃神庙的民国初年，逆风而上，试图重建中国价值的神圣性。他首先试图将中国人的神圣感建立在对于天的尊崇之上，同时与以前由帝王垄断天意不同的是，他提出以孔子来配祀天，从而使天

---

〔1〕 Peter Lüchau: “Toward a Contextualized Concept of Civil Religion”, *Social Compass*, September 2011, 5, p. 377.

意的解释权从专制帝王的掌控中解放出来。他说：

古今万国，未有不尊天者。……故坛庙之祭天，至为尊敬，而历朝以其祖先配享焉。今政改共和，国无君主，自无王者所自出，然而天终不可不祭也，祭之则神不可无配也。〔1〕

中国人数千年皆归往孔子，所以，新的国教礼仪应该是：

复崇天坛，改祈年殿或太和殿为明堂，于冬至祭天坛，上辛祭明堂，以孔子配上帝，义之至也，礼之崇也，无易之者也。〔2〕

当然，我们也看到康有为的国教说与公民宗教最大或者最根本性的差别是，公民宗教独立于教会和国家，而康有为则希望孔教成立教会组织并通过制宪将其确立为国教。

本文显然并非要将康有为的孔教会设想描述成公民宗教的建设，而是想说，如果以舍弃教会组织和权力参与的方式来构想儒教的未来形态，可以给我们什么样的启发？

---

〔1〕 康有为：《以孔教为国教配天议》，《康有为全集》第十集，第94页。
〔2〕 同上书，第95页。

我们可以这样来考虑这个问题，即如果我们放弃康有为的教会化方式，也放弃将其立为国教的目标，而仅就康有为所希望孔教发挥的功用来讲，那是否意味着，孔教可以被建设成一种公民宗教？换一种方式来说：如果我们今天讨论孔教的未来，公民宗教是否是一种值得考虑的方向呢？

其实，这个问题近年来已经日益受到人们的重视。美国普渡大学的杨凤岗教授就是受到贝拉的公民宗教思路的影响，认为可以将儒家建设为一种“公教”，并以此为中国人的信仰世界提供新的支点。杨凤岗说，之所以用“公教”而非“公民宗教”是因为：

> 如果说美国的公民宗教对于建立中国的公教有什么参考借鉴意义，那就是在把儒教建立为公教的过程中，需要强调其超验之意志天的观念，要发扬华夏文明一以贯之的兼容精神。强调超验的、有意志的天，但是留下充分的空间让各宗教去具体化或具象化。对于诸多宗教兼收并蓄，而非排斥拒绝，这才符合中华文明和儒家传统所固有的兼容精神，也才会达到安民兴邦、兼济天下的儒家理想。建立儒教为公教，就不必也不应该拒绝或排斥具体的宗教。坚持政教分离原则（是

政府和宗教组织的分离，而非政治与宗教的分离），奉行贯彻宗教自由政策，这才符合现代国家的国际标准，才能保证社会的和谐安定，才是国家公民之福，才是邻邦世界之安。[1]

其实杨凤岗所忧虑的就是蒋庆等人试图将儒家定为国教的提议，认为从宗教宽容的原则看，定为国教必将影响信仰自由，并妨碍国人吸收基督信仰的正面意义。因此，杨凤岗更愿意强调儒家的公共性，即“天下”性，认为儒家的天下意识中所包含的普遍性和包容性才是儒教的发展方向。

国内学者中，陈明也主张从公民宗教来讨论儒家问题。他认为儒教作为公民宗教有两大现实的功用，一是它可以担负起凝聚精神的力量同时又能超越宗教之间的直接冲突，二是它与传统儒家在中国社会中的作用可以得到有效的衔接。陈明说：

从公民宗教角度讨论儒教问题，在方法上是把儒教置于其与社会政治的关系中，考察儒教诸元素在实践中的实际状况和功用。从学术思想上

---

〔1〕 杨凤岗：《对于儒教之为教的社会学思考》，载《兰州大学学报》（社会科学版）2008年3月第2期，第14页。

讲，它可以将儒教本身的形态结构（如神祇、经典、教士等）这个“亚细亚式问题”姑且悬搁起来，排除先入之见的干扰（基督教视角和圣教本位）进入对儒教的历史把握和分析；从儒学本身讲，它可以通过对曾经鲜活的儒教诸元素（表现为某种情感和价值原则）的激活，反过来刺激促成作为有机整体的儒教在其他方面的复兴，如信仰、祭祀以及组织活动等；从文化发展战略讲，它可以避开所谓政教合一、儒教国教论等高调理论，使儒学儒教在今天的发展变得比较平稳顺当。换言之，公民宗教不仅是儒学实现复兴的重要标志，也是其实现复兴的重要途径。[1]

在陈明看来，以西方的宗教形态来看儒学，那么儒教的信仰和祭祀系统并没有得到充分发育，这是因为它没有发展充分的教团组织。这导致儒学在传统中国既与民间信仰相贯通，也与政治体制相结合。因为这一特点，在现代性的冲击之下，儒学价值和制度体系都分崩离析。然而，1978 年以来的改革开放所预示

〔1〕 陈明：《文化儒学：思辨与论辩》，第 45 页。四川人民出版社，2009 年。

的政治重建，却为儒学重新获得发展提供了机会，在陈明看来，政治重建和儒学重建是一体之两面。[1]

从陈明和杨凤岗的言论中，我们可以看到他们的作为公民宗教的儒教的思路，一是要排斥儒教重新被政治绑架，二是要充分发挥儒家思想对于道德风俗的重建的意义。就此而言，我个人认为将儒教设计成一种公民宗教有一个很可行的路径，就是在礼仪资源十分缺乏的当下中国，通过仪式和礼仪的重建来重构中国人的道德意识和神圣性维度。

从发挥儒家的“礼仪特性”出发找寻儒家切入当下生活的途径，是展现儒家的神圣性来黏合社会的一个值得期待的途径。[2]新文化运动之后，特别是1949年之后的一段时期里，在横扫一切传统的思潮影响之下，延续久远的礼仪习俗被否定，中国社会的神圣性

---

〔1〕 陈明：《文化儒学：思辨与论辩》，第49页。

〔2〕 西美尔在讨论基督教节日的社会意义的时候说：“基督教节日是唯一一种能够从社会心理学角度彻底打消个体情绪与其他地方存在的陌生情绪或对立情绪之间可能存在的界限的节日。这样一来，和平共处的社会原则就超越了那种社会学意义上的内在特征，并在宗教节日氛围中获得其积极而普遍的意义。”参见西美尔：《现代人与宗教》，曹卫东等译，第123页。中国人民大学出版社，2003年。其实在传统节日缺失的今天，基督教节日在中国社会生活中所体现出的也是一定程度的“非宗教性神圣”。

遭受严重的破坏，导致生活方式和价值观念的简单化甚至庸俗化，民间节日被革命节日完全替代。而在国家的礼仪上也是完全模仿西方。这在特定的历史时期有其必然性，但客观的结果则是使现有的礼仪体系与文化脉络完全脱节，导致中国的文化象征和民族认同资源相当缺乏。在市场经济的条件下，因为没有神圣性价值的制约，人们难以建立起一种价值支点，以致道德堕落、伦理失陷，中国社会的持续发展能力饱受质疑。因此，重建礼仪生活是凝聚国民价值的重要方式。

在这方面，儒家的资源最为丰富，因此也可以看作是儒家逐渐在中国社会生活中复活并重塑中国人生活样态的重要手段。如果把儒家的宗教性维度定位于礼仪性维度，就可以在很大程度上回应中国国家文化符号缺失的现状。通过一些超越具体宗教派别的符号来强化文化认同和国家认同，公民宗教可以充分利用传统儒家在公共礼仪和日常礼仪建设方面的文化积累，有助于超越宗教信仰自由和国家意识的统一性之间的紧张。

当然，以公民宗教的方式来设想儒教的发展方向，必然会遇到很多的问题。如何理解“civil”这个词的含义也会影响到公民宗教的未来，因为如果从政治意义上的“公民”来解释，那么，“civil religion”就会被描述成必须与公民社会相关联的“政治性宗教”；而如果从“文明”的含义来解释，那么“civil religion”可以被看成是一种文明的宗教，这接近于康有为的“人道教”。[1]就我个人而言，我愿意接受在“文明”含义上来定义公民宗教，并认为这是一个值得肯定的儒教发展方向。

---

〔1〕在2011年12月13—14日香港城市大学举行的“儒教，心灵的积习”（confucianism：a habit of the mind）会议上，贝拉指出，虽然他已经有25年不再使用“civil religion”概念，但并不意味着不能从这个方向去理解儒教的未来。在会议上，法国学者毕游塞提出“common religion”，香港城市大学的范瑞平教授提出“文教”，美国凯尼恩学院（Kenyon College）的肖阳教授提出“public religion”，都很有启发性。他们所关注的问题，一是儒教的自身传统，二是寻求一个更合理的词汇来避免公民宗教的歧义所带来的讨论中的多义性。这些都值得关注。

君民之间

康有为戊戌前的宪政观念与实践

康有为对中国政治变革的合法性和具体措施的考虑，基于他自己对中国历史阶段及其发展逻辑的认识。具体而言，在 1890 年前后，康有为确定其公羊学作为学术研究路径之后，逐渐构造起他结合进化论和公羊学特点的“三世说”。“三世说”的历史哲学对于正确了解康有为的思想具有重大的意义：“细读康氏有关著述，南海之历史哲学实具有多重历史意义。即以观念系统本身言，三世进化论，非仅是南海‘思想体系’的‘基干’和‘脊梁’，亦是贯通、综摄康氏诸学说之大纲。”〔1〕

---

〔1〕 许冠三：《康南海的三世进化史观》，载张灏等：《近代中国思想人物论——晚清思想》，第 537 页。台北：时报文化出版事业有限公司，1980 年。

虽然更为成熟的“三世说”直到1898年之后的流亡时期才最终完成，然早至1888年《上清帝第一书》中，康有为就开始思考如何针对不同的“世”采取不同的治理方式。他说：

今之时局，前朝所有也，则宜仍之，若知为前朝所无有，则宜易新法以治之。夫治平世，与治敌国并立之世固异矣。

虽然此文中只是引用了孟子的平世与乱世之别，而非直接关涉“三世”之论，但根据不同世须应之以不同的治理秩序，则是康有为提出他的变法思想的主要理论依据。

在写作于1892年之后的《孔子改制考》中，康有为对于三世的描述，就明显有异于更早时期的《春秋董氏学》。他开始以政权转移的方式来说明儒家的政治理想是“行民主之太平”。“尧、舜为民主，为太平世，为人道之至，儒者举以为极者也。……孔子拨乱升平，托文王以行君主之仁政，尤注意太平，托尧、舜以行民主之太平。然其恶争夺而重仁让，昭有德，发文明，……特施行有序，始于粗粝而后致精华。《诗》托始文王，《书》托始尧、舜，《春秋》始文王，终尧、舜。”[1]这就是说，民主之太平世，是儒家的终极理想，但是，孔子生于拨乱升平之世，合理的政治秩序是“君主之仁政”，即康有为所主张的君主制。因此，康有为一方面得以提出他的远期政治目标，而更重要的方面则是指出当下政治变革的关键在于行“君主之仁政”。

在这样的框架中，他就获得了有效地将中国置于世界之中，而不是世界之上的视野，并由此化解中西华夷之间的紧张。[2]他开始用西方的政治制度来“描述”三世的不同政治形态，然而他须要说明的是，有些在西方已经实行的制度，虽然更为有效，却并不能简单移植。面对晚清政治的纷乱局面，如何建立起国家的凝聚力、怎样确立主导改革的政治权威，一直是康有为思考的核心问题。在这样的思考框架下，维护皇权，并在皇权的主导下进行新的体制建设，成为康

---

〔1〕 康有为：《孔子改制考》，《康有为全集》第三集，第149—150页。

〔2〕 康有为说：“故今日泰西之法，实得列国并立之公理，亦暗合吾圣经之精义，不得谓之西法也。若吾舍而自讲，纵合天下人士昼夜研治，亦须经数百年乃得之，亦不过至彼今日之域，与之暗合而已，岂若泰西耕耨而吾坐而食之、泰西筑室而吾坐而处之乎？”《进呈〈日本变政考〉等书乞采鉴变法以御侮图存折》，《康有为全集》第四集，第48页。

有为基本的政治变革路线图。具体地说，就是将晚清发展线路设定为由据乱向升平的发展过程，而其政治制度则相应地步入由专制向宪政发展的过渡阶段。

本文主要从康有为戊戌前奏议以及反映他政治观念的其他相关奏议和书籍出发，来讨论康有为的政治变革观念与具体措施。

一 康有为戊戌奏议中“前五书”的宪政制度设计

关于康有为在戊戌期间的立宪主张，目前学术界多有争议，争议的核心是康有为上书中关于设置“议郎”和“议会”的主张是否在戊戌前就已经形成和成熟。经黄彰健、孔祥吉和茅海建等先生仔细研究，编辑于1911年的《戊戌奏稿》中的许多奏章已经确认曾受到重写或改写。而改写的核心动机是要将康在戊戌之后逐渐形成的政治观念提前到戊戌之前[1]，尤

---

〔1〕 孔祥吉认为，康有为在1911年5月所编的《戊戌奏稿》，编辑了他在戊戌期间的一系列奏折。然而在这次编辑过程中，康做了大量的修改，尤其是突出了其中的宪政思想。据孔祥吉归纳，主要有以下四个方面：“其一，加进了制定宪法，立行立宪的内容。”

其是相关议论最为充分的、代阔普通武所作的《请定立宪开国会》一折已经被确定为伪作。所以，也有学者指出，将戊戌变法定性为资产阶级君主立宪制的改良主义运动是一个误解[1]，认为康当时的主张，只是开制度局和议政处。[2]而这些机构的内容并不是要模仿西方和日本的议院，而只是一种与宪政观念无关的政治设置。

康有为的“改写”举动当然会加深人们对其“道德”上的质疑，但据此就否定康有为的宪政观念，则是一种更为轻率的做法。如果我们回复到晚清的语境

(接上页)“其二,《奏稿》将维新派的政治纲领由开制度局改为开国会。”“第三，康有为非但对奏疏进行改易，而且对其在变法时的进呈编书序言，亦进行了一系列的改删。如在《奏稿》的《进呈突厥削弱记序》、《进呈法国革命记序》等篇章中都加进了开国会的内容。特别明显的是康对《进呈波兰分灭记序》的改动。”“最后,《奏稿》极力掩饰康有为尊崇君权的思想。”孔祥吉:《〈戊戌奏稿〉的改纂及其原因》，载《晋阳学刊》1982年第2期。

〔1〕 茅海建:《从甲午到戊戌：康有为〈我史〉鉴注》，第698页。生活·读书·新知三联书店，2009年。茅海建还引证康有为在《日本变政考》，以及在1898年5月28日发表于《国闻报》的《答人论议院书》中所说的“国人民智未开，议院难以收效”等观点，认为康有为当时的政治立场并非立宪。

〔2〕 康有为曾代宋伯鲁上《请设立议政处疏》，针对军机处的设立导致议政的萎缩，而主张设立新的议事机构，但这并非表明康没有立宪的主张。见《康有为全集》第四集，第21页。

中，则能意识到宪政并非只有三权分立一途。按照严复的说法，宪政是“分权”之制，而其中君、臣、民之治权轻重，则各国不同。[1]也就是说，按照当时人们的看法，立宪并不意味着对于皇权的限制，而是试图在君、民之间找到一种平衡。就此而言，康有为的思想则体现出一种一贯不变的特点，即他所主张的议院并非西方国家的议会制度，而更接近于一个皇帝统制之下的议事机构。[2]我们或许可以认为康有为对西方的议会制度不熟悉，但他的政治设计更多则是基于现实政治的考量，尤其是对日本议会经验的总结。

---

〔1〕严复:《政治讲义》，载王栻编:《严复集》第五册，第1258页。中华书局，1986年。近有儒家宪政的说法，严复在对孟德斯鸠的《法意》所做的按语中说:“使如孟氏之界说，得有恒旧立之法度，而即为立宪。则中国立宪，固已四千余年，然而必不可与今日欧洲诸立宪国同日而语者。今日所谓立宪，不止有恒久之法度已也，将必有其民权与君权，分立并用焉。有民权之用，故法之既立，虽天子不可以不循也。使法立矣，而其循在或然或不然之数，是则专制之尤者耳。有累作之圣君，无一朝之法宪，如吾中国者，不以为专制，而以为立宪，殆未可欤!”(《严复集》第四册，第939—940页)也就是说，君权与民权只有构成制衡之势才成宪政。

〔2〕孔祥吉从康有为替陈其璋的奏折，和谭嗣同等人的议论中得出结论认为，康有为设立议院的想法是一贯的，只是“康氏对国会、议院的说法，仅是只言片语，一笔带过，并未全面展开论述，使人无法全面窥知其宪政思想之全貌”(《康有为变法奏章辑考》，第117页。北京图书馆出版社，2008年)。

在中国的改革者眼里，1840年之后晚清政治的最大问题是“上下政情之不通”。所以，他们一方面希望建立一个下情上达的机制，另一方面期盼确立一个机构能够对朝廷的政治决策进行评议。西方的议会制给予他们很大的启发。从林则徐、徐继畬到郑观应、王韬，都“可以看出，早期维新派对行政命令的议政权感兴趣，而制定宪法的立法权并未引起他们的注意。……实际上，1895年康有为在《公车上书》、《第三书》中所称的‘上驳诏书’和1898年张之洞《劝学篇》中所论及的‘政府所令，议员得而驳之’，也是薛福成、郑观应等早期维新派观点的延伸，都是指下院对于行政命令的限制，行政命令通过议会的认可，始能生效”。〔1〕这样的观念我们也可以从康有为戊戌前的制度构想中得到印证。换句话说，康的议政机构的设计，虽然并非成熟形态的议会制度的移植，但并不能由此而否定其中包含有议会对行政权力的限制的功能。〔2〕因此，如果说郑观应等早期维新派

〔1〕（韩）李春馥：《戊戌时期康有为议会思想研究》，第57页。人民出版社，2010年。

〔2〕房德邻对康在戊戌时期的政治思想的描述是：“用资产阶级政治学说改造儒学，提出了资产阶级改良派的政治纲领——兴民权、设议院、立宪法，阐明了以君主立宪政体取代君主专制政体的进步性；用人道主义改造儒学，宣扬资产阶级人性论和天赋人权学

仅致力于介绍西方的议会制度的话，康有为则试图将之现实化：一种经过改造之后的现实化。

对于像康有为这类对于局势有着敏锐的认识，并一直试图将自己的一系列改变社会的意图“上达天听”的人来说，言路堵塞的障碍是一个最为切身的体会。因此，从康有为上清帝的第一书开始，如何使民间的声音获得关注的制度性考量一直是他变法主张的核心内容之一。

在第一书（光绪十四年十月）中，康有为所考虑的是采用儒家经典中曾有描述的土训、诵训之类的制度，特别提及汉代的光禄大夫、太中大夫和议郎之类的官员，“专主言议”，“今若增设训议之官，召置天下耆贤，以抒下情，则皇太后、皇上高坐法宫之中，远洞万里之外，何奸不照，何法不立哉?”[1]在《上清帝第二书》（即公车上书，光绪二十一年四月）中，康有为的制度灵感依

（接上页）说，论证了资产阶级人生价值的合理性。因此，经过康有为改造过的儒学已经不再是封建地主阶级的意识形态，而是资产阶级的意识形态，虽然仍旧保存着浓厚的封建性。”（房德邻：《儒学的危机与嬗变——康有为与近代儒学》，第67—68页。台北：文津出版社，1992年。）抛开其中带有时代气息的用词，将康有为的政治立场描述为宪政立场是肯定的。

〔1〕 康有为：《上清帝第一书》，见孔祥吉：《康有为变法奏章辑考》，第9页。

然来自中国传统的政治设计，他说：“昔汉有征辟有道之制，宋有给事封驳之条。伏乞特诏颁行海内，令士民公举博古今，通中外，明政体，方正直言之士，略分府、县，约十万户而举一人，不论已仕未仕，皆得充选，因用汉制，名曰议郎。”这个选举出来的议郎，主要的工作是：“上驳诏书，下达民词。凡内外兴革大政，筹饷事宜，皆令会议于太和门，三占从二，下部施行。”〔1〕从“议郎”的设计和“三占从二”的多数法则中，我们可以看到：制度名称和合理性证明虽依然来自传统，但是，按行政区划公举已经显示出一些现代议会选举的因素。〔2〕

〔1〕 康有为：《上清帝第二书》，见孔祥吉：《康有为变法奏章辑考》，第 39 页。

〔2〕 郑观应在《盛世危言·议院上》中，针对“汉之议郎，唐、宋以来之台谏御史，非即今西国之议员乎？”的设问，认为这些机构的人员主要来自君主之私恩和高品门第，并不能了解下情，因此，并不能称之为议员。见夏新华等编：《近代中国宪政历程·史料荟萃》，第 13 页。中国政法大学出版社，2004 年。然而康的制度设计依然是从这些古典政治制度的改造入手的。韩国学者李春馥根据康的《第二书》与《德国议院章程》一书的比较，认为康有为所提出的“议郎”和“辟门”已经具有西方议会制度下议院制度的形式，关键是，其人事遴选方式已经不再是“行政官僚体系下的认识制度，而是议会系统的认识制度”。并且他从康有为 1894 年所著之《桂学问答》所开列的书单中有《德国议院章程》一书，认定康有为看过这本书，或可成立。见（韩）李春馥：《戊戌时期康有为议会思想研究》，第 72 页。人民出版社，2010 年。

康有为不懈的上书行为终于有了收获。他的上清帝第三书，在令国人震惊的《马关条约》签署一个月之后（光绪二十一年五月），到达光绪皇帝手中。急于寻找救国良方的光绪命令抄写数份（康称四份，梁启超和徐勤等弟子称三份），这份奏折在关于“议郎”等宪政设置上与第二书并没有太大的差别，但与前一份奏折悄无声息的命运不同，此奏折被光绪重视，这导致康有为终于有机会走上更大的政治舞台，从而进一步完善其宪政设计。

受第三书得到光绪下令传抄的激励，在《上清帝第四书》（光绪二十一年闰五月初八）中，康有为认为必须以“开创治天下，不当以守成治天下；当以列国并争治天下，不当以一统无为治天下”。他认为了解世界的格局是中国实现变革的前提。因此，对于中国的制度体系要进行彻底的调整。在第四书中，他提出了五条改革的措施，其中前三条明显是在前三书的基础上继承发展而来。

> 一曰下诏求言。破除壅蔽，罢去忌讳，许天下言事之人到午门递折，令御史轮值监收，谓之“上书处”，如汉公车之例，皆不必由堂官呈递，亦不得以违碍阻格，永以为例。若言有可

采，温旨褒嘉，或令召对，霁颜询问，庶辟门明目，洞见万里。二曰开门集议。令天下郡邑十万户而推一人，凡有政事，皇上御门，令之会议，三占从二，立即施行，其省、府、州、县咸令开设，并许受条陈，以通下情。三曰辟馆顾问。请皇上大开便殿，广陈图书，每日办事之暇，以一时许亲临燕坐，顾问之员，轮二十员分班侍值。皇上翻阅图书，随宜咨问，访以中外之故，古今之宜，经义之精，民间之苦，吏治之弊，地方之情。或霁威赐坐，或茶果颁食，令尽所知，能无有讳避。上以启圣聪，既广所未闻；下以观人才，即励其未学。令天下人才皆在左右，宰县奉使皆在特简，问其方略，责以成功；许其言事，严其赏罚；则人皆踊跃发愤，仰酬知遇，治天下可运之掌矣。其顾问之员，一取于翰林，文学侍从，人才较多，闲散日甚，宜令轮值；一取于荐举，用世宗宪皇帝之法，令大臣翰詹科道，下及州县，各荐人才，凡有艺能，皆得荐举，贵搜草泽，禁荐显僚，或分十科，俾无遗贤，虽或滥竽，必有异才，宜令轮值，其不称旨者，随时罢去，其荒谬者，罚其举主；一取于上书，其条陈可采，召对称旨者，与荐举人并称，待诏亦令轮值；一取于公推，众议之员，郡县分举，各熟情势，自多通才，亦令轮值。[1]

具体地说，第一条可视为强调百姓的请愿和建议权，而不必再通过中间环节递呈。第二条可视为第三书中下议院设置的延续。关键是第三条“辟馆顾问”其人员的构成，既有荐举而来，又有因上书而获得资格，也有因“公推”而获得资格。按照李春馥的说法，这个设计与前三书侧重于从民间公举推选议员的方式不同，开始谋及“卿士”，这与康氏自身身份的变化（已经是工部主事）有关，但对于“辟馆顾问”之职能的描述，则已经成为康所设计的上议院方案的重要内容。“据此，我们将民选‘议郎’（或‘开门集议’）和‘辟馆顾问’视为康氏议会内部两个不同的机构。前者是‘约十万户而举一人’或‘十万户推一人’的民选下院，后者是由‘翰林’、‘荐举’、‘上书’和‘公推’

[1] 《上清帝第四书》，见孔祥吉：《康有为变法奏章辑考》，第344—345页。

结合在一起的上院。”[1]尽管因为对于“辟馆”的具体权力描述并不清晰，因此，只能称之为“雏形”。

第四书中引人注目的是，康有为对于议院权力和君主权力之间关系的说明。“至会议之士，仍取上裁，不过达聪明目，集思广益，稍输下情，以便筹饷。用人之权，本不属是。乃使上德之宣，何有上权之损哉?”[2]康有为在提出了五条改革的措施之后，必须对这些新措施是否影响君主权力有所交代，否则任何的改革措施便无从落实。然而康的说明却略显模糊，比如“会议之士，仍取上裁”是指所有成员或通过公举，或通过荐举获得资格，最终由皇帝认定，其过程实质仍由皇帝掌控。同样，这些新机构的功能只是下情上达，而最终的用人之权依然由皇帝专属，这样，

---

〔1〕李春馥:《戊戌时期康有为议会思想研究》，第116页。人民出版社，2010年。对此，房德邻也有类似的看法，不过不是从上下议院来说，而是认为“议郎”就是近代的议院。“‘开门集议’的‘议郎’是按每十万户一人的比例由郡邑公推出来的，武英殿的‘顾问之员’是取于翰林、荐举、上书和公推。把‘开门集议’和‘辟馆顾问’明确划分开来，就使前者的立法职能更为明朗。因此，虽然康有为关于设议郎的建议有些古色古香，但是实质上它是近代的议院。”见房德邻:《儒学的危机与嬗变——康有为与近代儒学》，第113页。文津出版社，1992年。

〔2〕《上清帝第四书》，见孔祥吉:《康有为变法奏章辑考》，第83页。

议院的设置便只是“上德之宣”，即显示皇帝的恩德，这似乎又转回“君臣之义”。

这些言辞当然可以视为康有为政治策略的一部分，然而也未尝不是康有为当时政治设计的真实意图，因为不论是从他所要师法的日本政治制度还是对于中国现实政治格局的理解，都会导向君主主导型的政治路径。

德国强占胶州湾后，1898年（光绪二十三年十一月），康有为又上了“第五书”，其中对于中国所处的危机有了更深入的认识，尤其是对西方国家假借公法而谋取民族国家私利的本质有所认清。他担心德国强占胶州湾的做法，可能会被列强掠取在中国利益时所效仿。因此，“伏愿皇上因胶警之变，下发愤之诏，先罪己以励人心；次明耻以激士气，集群材咨问以广圣听，求天下上书以通下情，明定国是，与海内更始。自咨国事付国会议行，纡尊降贵，延见臣庶，尽革旧俗，一意维新，大召天下才俊，议筹款变法之方，采择万国律例，定宪法公私之分……”〔1〕并提出了一系列政治、经济改革的措施，综为三策：第一是以日本

〔1〕 康有为：《上清帝第五书》，见孔祥吉：《康有为变法奏章辑考》，第111页。

和俄国为效法对象，实行变法；第二是广招天下之贤才为国所用；第三是听任疆臣各自变法。尤其是第三条与地方放权的策略，为前述上书所未及。

上书中对于“立国会”和“定宪法”在康有为的立宪思想中是否具有关键性意义，对于康有为是否提出“国会”和“宪法”这两个立宪的关键要素的问题，目前争议未绝。孔祥吉等人认为，康有为的议会思想在这个时期已经形成，并以同时期康为陈其璋所代写的奏折中有关议会的说法为佐证。[1]

1898 年 4 月，康有为编纂完成并呈送给光绪《日本变政考》，在序言中，他明确将日本作为中国变法的“向导”。事实上，康有为也认为明治天皇可以成为光绪皇帝的榜样。因此，他对光绪皇帝提出的变法总原则的灵感来自明治天皇的变法誓文。在李春馥看来，第五书中国会和定宪法的说法与誓文有明确的关系[2]，并认

〔1〕 孔祥吉：《康有为变法奏章辑考》，第 117 页。

〔2〕 《日本变政考》中的誓文是：“一曰破除旧习，咸与维新，与天下更始；二曰广兴会议，通达下情，以众议决事；三曰上下一心，以推行新政；四曰国民一体，无分别失望；五曰采万国之良法，求天下之公道。”（《康有为全集》第四集，第 105 页）当然，这个誓文经过康有为的“修订”后，特别强调了“万国良法”。李春馥的讨论见《戊戌时期康有为议会思想研究》，第 145 页。

为上引第五书中关于“国会”的讨论已经明确有上下议院制的议会。“其中康有为所称的‘大召天下才俊’就是召集国会的上下议院成员，但这些成员的职责权限也并不相同：下院成员主要掌管‘筹款’等财政权；而上院则主要掌握‘定宪法’或‘变法’的立法权。其国会的产生方式和组织形式与《第四书》中上下两院的组织方式相同，只是此处上院（‘辟馆顾问’）的职权范围明显得到了加强，已经拥有立法的权力。”〔1〕

康有为的此类观点，无论是“伪经”说还是开设议院等设计，在当时实属骇人听闻。因此，康有为在陈述新政措施时，必以经义相类比，比如在第四书讨论设议院以通上下情的一条中，就认为这些西方的制度“暗合经义之精，非能为新创之治也”。〔2〕而在1898年4月保国会的演讲词中，则用更为通俗的言辞说明这些新政与儒家经典的一致之处：

若夫泰西立国之有本末，重学校，讲保民、

〔1〕 李春馥：《戊戌时期康有为议会思想研究》，第149页。

〔2〕 康有为：《上清帝第四书》，载孔祥吉：《康有为变法奏章辑考》，第76页。

> 养民、教民之道，议院以通下情，君不甚贵，民不甚贱，制器利用以前民，皆与吾经义相合，故其致强也有由。吾兵、农、学校皆不修，民生无保养教之之道，上下不通，贵贱隔绝者，皆与吾经义相反，故宜其弱也。[1]

当然，我们知道，在引经据典的背后，暗含着康有为力图进行制度创新的动机，他意识到新的国家形态所带来的新的行政体系变革的必然性。因此，“今当以开创治天下，不当以守成治天下；当以列国并争治天下，不当以一统无为治天下。”由此，必须“尽弃旧习，再立堂构”。[2]

二　制度局及其相关设计：第六书的宪政观

康有为的前五书主要是围绕建立议政机构的必要性，并依据传统中国的谏议类制度，结合西方的议会制度，提出了新机构的框架以及成员的产生办法。其

---

〔1〕康有为：《京师保国会第一次集会演说》，《康有为全集》第四集，第58页。

〔2〕康有为：《上清帝第四书》，载孔祥吉：《康有为变法奏章辑考》，第77页。

第六书（即《请大誓臣工，开制度新政局折》，光绪二十四年正月初八），进一步将有关议政机构的设想具体化，提出了一系列新政架构的设计。在这套设计中，最主要的参照物是日本。明治维新的成功使康有为在论证清王朝必须变革的原因时有了现实的例证。他说日本维新之初所推行的三个措施[1]是“变法之纲领，下手之条理”。据此，康有为依次提出要择日在太庙或乾清门宣布变法开始。“然后用南书房、会典馆之例，特置制度局于内廷，妙选天下通才十数人为修撰，派王大臣为总裁，体制平等，俾易商榷，每日值内，同共讨论，皇上亲临，折衷一是，将旧制新政斟酌其宜，某政宜改，某事宜增，草定章程，考核至当，然后施行。”[2]

在这个奏折中，康有为还批评了各级官僚机构冗员敷衍、毫无作为的现象，提出了设立十二专局来推

---

〔1〕“一曰大誓群臣以革旧维新，而采天下之舆论，取万国之良法；二曰开制度局于宫中，征天下通才二十人为参与，将一切政事、制度重新商定；三曰设待诏所，许天下人上书，日主以时见之，称旨则隶入制度局。”康有为：《请大誓臣工，开制度新政局折》，载孔祥吉：《康有为变法奏章辑考》，第138页。

〔2〕康有为：《请大誓臣工，开制度新政局折》，载孔祥吉：《康有为变法奏章辑考》，第138页。

行新政，即法律局、税计局、学校局、农商局、工务局、矿政局、铁路局、邮政局、造币局、游历局、社会局和武备局。康有为说："十二局立，而新制举。凡制度局所议定之新政，皆交十二局施行。……凡诸新政人员，就制度局、集贤院、待诏所，及内外所保人才，选授略同南书房差，不拘官级，听辟幕僚，专在得才，与共新政。"〔1〕为了配合新政，康有为建议在地方设立新政局督办，并由其委派地方民政官员。这实际上会导致原有的行政机构，包括军机处和六部等机构无政可办的局面。在这个设计中，制度局不再是参政机构，"而成为变法的领导者和决策者。"〔2〕

这个奏折在正月初八交由总理衙门代呈，但直到二月十九日才呈递。光绪看到后即命总理衙门议复，但相关机构一直没有回复，所以"康有为发动其党，围绕'制度局'之意，别立名目，分别上奏"〔3〕。在《我史》中提到的成员有杨深秀、宋伯鲁、李盛铎、王鹏运、徐致靖等人。这些奏折有许多被认为是由康党代

〔1〕 同上书，第140页。
〔2〕 茅海建：《从甲午到戊戌：康有为〈我史〉鉴注》，第299页。
〔3〕 同上书，第577页。

拟。比如1898年（光绪二十四年）二月初八，宋伯鲁就提交《请设议政处折》，对议政处的架构提出了描述：

今拟略师泰西议院之制，仍用议政名目，设立议政处一区，与军机、军务两处并重。今各省督抚举实系博通古今，洞晓时务、体用兼宏者各一人；令京官一品以上者，共举十人，无论已仕未仕，务限一月内出具考语，咨送吏部，引见后即充当议政员，以三十员为限。月给薪水，轮流住班，有事则集，不足则缺。凡国家大政大疑，皆先下议政处，以十日为限，急则三、五日议成，上之军机王、大臣；不可，则再议，军机覆核无异，乃上之皇上，亲而裁断施行焉。盖合众通才而议一事，自然良法长策出于其间。办有成效，请旨按级迁擢，疆枢之任，皇华之选，皆于是乎取之。此后，京外各三年一举，外省不即咨送，听候调取。将来经济特科得人，亦可充入。此诚目前转祸为福，化危为安，第一关键枢纽也。[1]

这个奏议的关键是要建立一个与军机处、军务处并重的政治机构，甚至有意用了“议政处”而非“议

[1] 孔祥吉：《康有为变法奏章辑考》，第156页。

院”的名称，选人方式主要是举荐制，从结构和功能上与康的制度局如出一辙。

1898年6月13日（光绪二十四年四月二十五日），代徐致靖作《国是既定用人宜先谨保维新救时之才请特旨破格委任折》，介绍日本维新拔擢人才而使新政俱兴、国家强盛的事实，提出中国亦应提携维新人才，以确保变法的实施。“泰西各国富强之由，其根源甚远，其条甚繁，非经讲求，不能通贯。今吾大臣，内自尚侍，外自督抚，率皆循资按格，垂耄以得今官。其中亦非无公忠体国、通达世变之人，特以论议不一，趋向各殊，非相与同术同方，讲求而切究者；故于一切致强之由，或畏阻而不愿更张，或震惊而未得要领。于是言守旧者泥古而误今，言开新者亦逐末而忘本。”〔1〕因此，向皇帝建议任用深湛实学、博通时务的人。该折所推荐的人包括康有为、黄遵宪、谭嗣同、张元济、梁启超。由此，也有人在当时就提出，这是康梁师徒密谋的自我推荐之作。〔2〕

---

〔1〕《康有为全集》第四集，第75页。

〔2〕孔祥吉、黄彰健，包括茅海建都持这样的看法，见孔祥吉：《康有为变法奏章辑考》，第230—231页。

这个奏折中，对于康有为的推荐文字若与康有为的制度局设计联系在一起看，就可以了解康的设计的真实意图。“臣窃见工部主事康有为，忠肝热血，硕学通才，明历代因革之得失，知万国强弱之本原，当二十年前，即倡论变法。其所著述有《彼得变政记》、《日本变政记》等书，善能借鉴外邦，取资法戒。其所论变法，皆有下手处。某事宜急，某事宜缓，先后次第，条理粲然。按日程功，确有把握。其才略足以肩艰巨，其忠诚可以托重任，并世人才，实罕其比。若皇上置诸左右以备顾问，与之讨论新政，议先后缓急之序，以立措施之准，必能有条不紊，切实可行，宏济时艰，易若反掌。”[1]有人怀疑此奏折是由康有为或其弟子起草，实现类似自荐书的功能，以达到光绪将康置诸左右以备顾问的目的。

这个目标很快实现了，光绪二十四年四月二十八日，光绪召见康有为、张元济等人。对于此次见面，康有为在《我史》中有很详细的记录，但茅海建等人认为内容多有夸大，因为在这个谈话中，康有为扮演了一个类似帝师的角色。不过，茅海建也承认，康有

〔1〕 孔祥吉：《康有为变法奏章辑考》，第231页。

为提出的变法主张，主要有变科举、开学会、译西书、广游历，以开民智等。[1]作为这次见面的后续，光绪要求康有为呈上相关书籍，即《波兰分灭记》等，并获得赏银2000两。

在光绪二十四年五月一日，即1898年6月19日，康有为为了“谢恩”，又提交《请御门誓众开制度局以统筹大局折》，此时康有为已经被任命为总理各国事务衙门章京，这个奏折其实就是第六书意见的再次陈述，即坚持开设制度局，希望通过制度局来把握变法的主导权。

在这个奏折中，康有为批评了“条陈一事处理一事的”做法，认为变法是一个全局性的过程，“不变固害，小变仍害，非大变、全变、骤变不能立国”，要全变则“宜先变法，将内政、外交一切法度进行斟酌改定”，这样变法之先后轻重才能举措得当。要如此，“非特开制度局于内廷，妙选通才入直，皇上亲临，日夕讨论，审定全规，重立典法，何事可存，何法宜改，草定章程，维新更始。”[2]

---

〔1〕 茅海建：《从甲午到戊戌：康有为〈我史〉鉴注》，第436页。

〔2〕《康有为全集》第四集，第87、88页。

针对康有为第六书中的建议以及光绪示意操办的要求，军机处和总理事务衙门在光绪二十四年六月十五日做出了答复：对于核心的三条，“大誓群臣”一条被认为没有实施之必要；而“设制度局”和“设待诏所”两条，变成由翰林院、詹事府和都察院轮流接受上书言事。对于康有为提出的设立十二局的建议，军机处和总理衙门的说法是，诸如学校局和邮政局、武备局已经办理；法律局、税计局、农商局、造币局、游历局正在办理；铁路局、矿务局、工务局为应该办理，而社会局则应暂缓办理。对于地方官员中的冗员和吏治的问题，认为只要稍加整肃即可。

康有为不是轻言放弃的人，虽然他自己的主张被军机处和总理衙门以“变通”的方式化解，但他依然继续通过发动康党递呈奏折的方式，试图做最后的努力。

光绪二十四年七月初三日（1898 年 8 月 19 日），阔普通武进呈由康有为所代作的《变法自强宜仿泰西设议院折》〔1〕，阐述了康有为建立议院的思路。

---

〔1〕《戊戌奏稿》收有内阁学士阔普通武《请定立宪开国会折》，是为伪作当无异议，然康的确代阔普通武做过一个奏折，名为《变法自强宜仿泰西设议院折》，此折有据可查。孔祥吉：《康有为变法奏章辑考》，第 345—348 页。

此奏折首先强调议院的设立符合儒家上下通达以执政的经典理念，这与康有为在《日本变政考》中所作的议论一致。奏折侧重讨论的是议院与君权之间的关系："国家政治，寻常之事，可以照料举行，非常之功，必须谋定后动。且人之才识，有不在爵位年齿者。拟请设立上下议院，无事讲求时务，有事集群会议，议妥由总理衙门代奏，外省由督抚代奏。可行者酌用；不可行者置之。事虽议于下，而可否之权仍操之自上，庶免泰西君民争权之弊。"[1]如果参照康有为的学生欧榘甲于同一时期在《知新报》所发表的《变法自上而下论》一文的宗旨，可以想见，在康有为的议院设置中，始终存在一种重要的面向：试图处理皇帝的权力与议院议政权力之间的关系。

光绪二十四年七月二十一日（1898 年 9 月 6 日），张元济在《变法图强统筹全局折》中，除了提出裁撤冗官的建议之外，其关于设立"议政局"的设想与康的"制度局"设想共相呼应：

设议政局以总变法之事。泰西各国行政与议政

〔1〕 阔普通武：《变法自强宜仿泰西设议院折》，见孔祥吉：《康有为变法奏章辑考》，第 344—345 页。

判为两事，意至良法至美也。中国则不然，以行政之人操议政之权，今日我议之，明日即我行之，岂不能预留地步以为自便之计。故政为彼之所惯行者必不废，废则无以抑新进之辈矣。政为彼之所未行者必不兴，兴则显形其前事之非矣……我皇上真欲变法，不先设一议政局，以握其纲领不可也。请言设局之事：一、此局宜仿懋勤殿南书房之例，设内廷。一、以年富力强通达时务奋发有为者，充局员。统请特旨简派。一、局事至繁，约以二十人为额，如不足请旨添派。一、在局诸员，每日轮流以数人一班，随军机大臣之后，听候召见。一、请皇上于万几之暇，随时临幸局中，考核各员所办之事。一、遇有要事，谕知在局各员全数齐集，届日请皇上驾幸局中，听诸臣详细核议。一、臣工条陈时事，及各衙门请旨之件，概行交局核议，准驳各随所见，议上请旨施行。至士民条陈，以后必多，亦可先交该局阅看。一、凡今日所应改应增之事，责令各员先期拟定办法及详细章程，随时进呈御览，恭候钦定。一、现在已行新政，如学堂、报馆、轮船、铁路、邮政、电报、矿务、工厂、银行、商会，均不过大略章程，并未垂为国宪，故办法多不画一。宜令在局各员，详考西国制度，参酌现在情形，拟具则例，呈请钦定颁行。[1]

无论是阔普通武还是张元济，在他们所提出的议院或议政处的设计中，其基本原则是鼓动光绪绕开现有的官僚体制进行新政变革，这也是日本经验的一部分。然而，康要面对的是比日本更为复杂的满清皇族利益集团以及帝党和后党之间政治势力的纠结，而光绪也不具备明治天皇所具有的合法性资源和政治决断力。因此，这场变革的前景便十分可疑。而当时的社会舆论则对康有为及其政治同情者日渐不利。对此，康有为在《我史》中的叙述是：

我请于京师开十二局，外省开民政局。于是流言纷纭，咸谓我尽废内阁六部及督抚、藩臬司道矣。……于是京朝震动，外省悚惊，谣谤不可听闻矣。军机大臣曰："开制度局，是废我军机也，我宁忤旨而已，必不可开。"王文韶曰："上意已定，必从康言，我全驳之。则明发上谕，我

〔1〕国家档案局明清档案馆编：《戊戌变法档案史料》，第43—44页。中华书局，1958年。

等无权矣，不如略敷衍而行之。”王、大臣皆悟，咸从王言，遂定议。所云誓群臣定国是一条，以为诏书两下，国是已久定，此条无庸议。我所请选天下通才二十人，置左右，议制度一条，改为选翰詹科道十二人，轮日召见，备顾问，于是制度局一条了矣。我所请令臣民咸得上书一条，改为职官递本衙门，士民递都察院。我所请开法律局，定为每部派司员，改定律例。夫司员无权无才，无从定之，又非采集万国宪法，与我本意大相反矣。学校局一条，则以大学堂及各省中、小学堂，已经奉旨另办了之。农工商局则以屡奉谕旨饬办了之，所请“起民兵以练陆军，购铁舰以成海军”则以裁兵并饷等旨了之。我所请民政局，则拟旨“令督抚责成州县，妙选人才”了之。惟令开一铁路矿务局，请即在总理衙门派人办理。于是所议我折，似无一语驳者，似无一条不行者，上亦无以难之，虽奉旨允行，而此折又皆成为虚文矣。大官了事，所谓才者如此。[1]

康有为甚至用了“轻舟已过万重山”这样的诗句来

〔1〕茅海建：《从甲午到戊戌：康有为〈我史〉鉴注》，第589页。

描述他的改革措施遭遇变通之后的状况。而被称为“百日维新”的戊戌变法的结局是光绪被囚、六君子血溅菜市口，康有为和梁启超则被迫开始漫长的流亡生涯。

三　《日本变政考》与康有为戊戌期间的宪政思想

前文反复述说戊戌变法的模板是日本的明治维新。其实，康有为在甲午之后，一直关注世界各国的经验，因此，他在 1898 年密集进呈大量关于世界各国政治经济状况的著作。其中的《上清帝第七书》的正式名称即为《为译纂〈俄彼得变政记〉成书可考由弱致强之故呈请代奏折》（1898 年 3 月 12 日递交总理衙门，3 月 24 日进呈光绪）。在这个奏折中，我们可以了解康有为纂作此书的目的是要提供一个由“君权变法”而由弱变强的例子。他说：“臣窃考之地球，富乐莫如美，而民主之制与中国不同；强盛莫有如英、德，而君民共主之制仍与中国少异。惟俄国其君权最尊，体制崇严，与中国同；其始为瑞典削弱，为泰西摈鄙，亦与中国同。然其以君权变法，转弱为强、化衰为盛之速者，莫如俄前主大彼得。故中国变法，莫如法俄；

以君权变法，莫如采法彼得。”[1]然而在这个奏折中，康有为所提出的改革的关键问题是“体制尊隔”，即要着力解决君民之间因为体制性的障碍而造成的政情不通的问题。

在进呈《日本变政考》之后，1898 年 7 月，康有为又进呈了《列国政要比较表》。主要从土地、财赋、商贸、学校、生徒、兵卒、船舰、铁路、电线等项目进行比较，得出“事事远逊人”的结论，进而指出既然中国已在世界之中，当不能再做闭关自守之谋。

同年 8 月，康有为进呈《波兰分灭记》。这本有关波兰历史的著作所着重要解决的问题有两个，一是改革宜早不宜迟，二是改革不能依傍他人。

在康有为看来，波兰的灭亡是因为权贵阶层只知搜刮民财，压制贤能之士，蒙蔽人主，最后身死国亡。而其国君忍受耻辱，不能使波兰人戮力变革，抵制俄国对于改革的阻扰，也是波兰沉沦的原因。康引申到，现在北方也有俄国的压制，而中国要避免重蹈覆辙，只有下决心变革。

---

〔1〕 康有为:《为译纂〈俄彼得变政记〉成书可考由弱致强之故呈请代奏折》,《康有为全集》第四集，第 26 页。

然而在这些著作中，康有为最为经心的还是《日本变政考》，这不仅因为日本是由弱变强的典范，更因为日本的许多制度创制，可以成为中国变革的摹本：

日本外有英、美之祸，内为将军柄政，封建遍国，人主仅以虚名守府，欲举国而变之，其势至难也。然一朝桓拨，誓群臣而雪国耻，聘万国而采良法，征拔草茅俊伟之士，以升庸议政；开参议局、对策所、元老院，以论道经邦；大派卿士游学泰西，而召西人为顾问；尽译泰西之书，广开大小之学。于是气象维新、举国奋跃矣。然尊卑犹隔，道路尚阻；新政虽美，不能逮于民也。乃尽去封建，以县令宣上而达下，开通道路，立巡捕，救患而防奸。于是一国之中，民情毕达，纤悉俱至矣。然守旧之党犹多，泰西情意未狎，阻扰之议亦甚；则易衣服、去拜跪、改正朔以率之。犹群情未一、民情未洽、章程未立也，则开社会以合人才，立议院以尽舆论。大隈重信、伊藤博文，实为会党之魁首，草定议院之宪法。宪法既定，然后治具毕张，与万国通流合化矣。于是采德、法之兵制，师英国之商务，法美国之工艺，集罗马、英、法之律法，兼收东西之文学格致，精募力仿，咄咄逼真。至今三十年，举国移风，俗化蒸蒸，万法毕新，工出新器，商通运学，农用机器，人士莘莘，皆通大地之故。兼六艺之学，任官皆得通才，以兴作为事，人主与群臣，议院日日讨论，孜孜不已，盖新政成矣。[1]

上述这段话，基本上是康有为对于明治维新的新政措施的概括。康有为认为，明治维新不过短短的三十年，却走完了西方用五百年才得以强大的历史，日本一跃而成东亚霸主，并与西方列强相抗衡，此乃变法之效果。而实行宪政、兴办实业是新政的主要内容。

类似建立议会、制定宪法的新政目标的实现，必须依赖于行政机构的推进。毫无疑问，明治维新的开展依托于一系列新政机构的建立，康有为介绍说：明治维新期间，“以维新诸事分为八科，以总裁、议定、参与三职统之。”随后，康有为对这三个职位的职能进行注释：“总裁者，大录庶政，如军机也。兼综内外。内国者，内政也；外国者，外交也。神祇者，如吾礼部掌祭祀也。会计，户部也。刑法者，刑部也。

〔1〕 康有为：《日本变政考序》，《康有为全集》第四集，第103页。

特立制度一局，议政之司也。”[1]康有为在第六书中所提出的制度局，灵感即来源于此。

康有为在后文的按语中，强调了设立制度局的重要性，“日本变法，先后不同；日月即改，纷如乱丝。……制度局撰叙仪制、官职诸规则，专立此局，更新乃有头脑，尤为变政下手之法。盖百司皆为手足，但为行法之官，非有制度撰叙如心之论思，则百司散乱，手妄持而足妄动，一二补苴，徒增流弊而已。岂能望自强乎？”[2]他认为在变法时期，制度局的重要性要大于实际的行政系统，因为制度局来决定规则和变法的途径，而具体的部门则是依此操作而已。

制度局既然核心工作是“叙仪制、官职”，故康有为尤其看重人才荐举方式的改变，并用大段的按语来讨论日本明治维新时期人才选举机制的变革。他认为，明治时期改革幕府政权的主要办法是废除了世袭的官职。“官人之法，尽由荐举、选举两途。荐举则公卿推荐，选举则平民公举。……故维新首集，皆以处士而列朝班、参大议。……方遇维新，日廷则乐得贤

〔1〕 同上书，第106页。

〔2〕 康有为：《日本变政考卷一》，《康有为全集》第四集，第108页。

才，诸士则喜效才艺，用能使将坠之邦起于强劲，瞶腐之政列乎文明。噫！岂非诠序破格之故耶？”〔1〕

对于深受等级制度之束缚而感受报国无门的康有为来讲，建立一个以才能为基础的破格选举制度，何尝不是基于自身的处境而发出的呼吁。

在《日本变政考》中，康有为对西方三权分立的政治制度有所介绍。他认为甲午战败之后，人们已经认识到西方强大之原因在于其制度，而三权分立则是“政体之善”的关键。具体地说：“其言政权有三：其一立法官，其一行法官，其一司法官。立法官，论议之官，主造作制度，撰定章程者也；行法官，主承宣布政，率作兴事者也；司法官，主执宪掌律，绳愆纠谬者也。三官立而政体立，三官不相侵而政事举。”〔2〕康有为认为，立法官在三官之中最为重要，而三官之职不能互相代替。中国之变法，一切新政皆交由行政机关议论，这样就是以行政官代行立法职能，所以只能“乱政”。

基于此，康有为提出他戊戌变法之核心诉求，即以立宪为核心的政治变革才能真正算得上是“变法”：

---

〔1〕 康有为：《日本变政考卷一》，《康有为全集》第四集，第107页。
〔2〕 同上书，第115页。

"购船置械，可谓之变器，不可谓之变事。设邮便，开矿务，可谓之变事矣，未可谓之变政。改官制，变选举，可谓之变政矣，未可谓之变法。日本改定国宪，变法之全体也。总摄百千万亿政事之条理，范围百千万亿臣民之心志。建斗运枢，提纲挈领，使天下戢戢从风，故为政不劳而易举。"〔1〕我们可以质疑康的议院构想与西方以权力制约为构想的政治结构不同，然而却正是在此意义上，我们可以理解康有为的"君主立宪"政治设计的真正含义，即在君主权力的主导下，通过三个权力机构之间的互相支持，从而达到君民一心，共御外侮，建设现代国家之目的。

在《日本变政考》一书中还有大量关于议会制度和三权分立的权力制衡机制的优点的讨论。可见，随着康有为对日本维新运动了解的深入，他对于日本的议会和制宪的设置有了进一步的认识。

在叙述明治维新时期所设立的"集议院"的上书规则的时候，康有为认为，类似机构的设立可以了解百姓对于政府所颁布之政令的意见。他在按语中写道："《诗》称'询于刍荛'，《书》称'谋及卿士，谋及庶

〔1〕 同上书，第198页。

人’，‘辟四门，明四目，达四聪’，皆以广听舆人之论也。今天下之大，而内之仅堂官数十人，台官数十人，外之督抚二十余人，能达于上而已。其余人士，虽讲求天下之故，能言兴利除弊者，皆不得上达。或全令上达，又虑文字繁多，不能阅看。日本有议院以议事，故以议院受建白之书，与众议员公决之，登日志，公评之，则下情可通，而众议皆集矣。”[1]康在此介绍了日本议院的设置，及此类设置与古代经义之间的关系，认为国家的繁多事务需要有识之士的共同参与，进而认为议院是分解国家事务，让下情上达的途径。

在《日本变政考》明治七年二月二十八日条中，康有为介绍了日本模仿欧洲君民共主的政治模式、落实三权并立而设置上下议院的过程，并在按语中对议院的合理性和必要性做了说明。

> 昔先王治天下，无不与民共之。《传》言文王与国人交；《洪范》云谋及庶人，虞廷之明目达聪，皆由辟门；《周礼》之询谋询迁，皆会大众：凡此皆民选议院之开端也。三代以下，其君日尊，其民日卑，上下不交，于《易》为否。天下多乱而少

[1] 康有为：《日本变政考》，《康有为全集》第四集，第155页。

治，难存而易亡，皆古义不明，驯至之弊。推原其故，厥有二旨。天下之事日众，愈私则愈难办矣；天下之人亦日众，愈疏则愈离矣。知国事之不可私也而公之，智效其思，政无不立，能效其力，法无不行。弊愈去也，利愈兴也，虽万世有治而无乱可也。知国人之不可疏也而亲之，君之保民如保其子女，民之爱君如爱其父母，互相爱也，互相保也，虽万年长存而不亡可也。此民选议院之良制，泰西各国之成法，而日本维新之始基也。〔1〕

然而，康有为在历史阶段论与现实皇权制度的影响下，必须处理君民之间的关系，即在允许人们参与政治的前提下，如何保证皇权的至尊地位。对此，他在《日本变政考》中通过大量引用伊藤博文的“立宪”报告，充分表达了自己的想法。

伊藤博文十分强调宪法之“钦定”，即天皇之“仁惠特许”，这就规定了国宪与天皇之间的关系。而议会的权力主要有二：一是具体法律的制定，二是财政收支的规划。

伊藤博文认为，不能把议会的设立视为对君权的

〔1〕 同上书，第173页。

削减。相反地，国会和宪法的颁布是“日益增助君权而壮国威也”，因为国会和宪法会帮助国人“天下合一心以匡助国政”。伊藤博文将君主比作心，而将行政、司法和立法分别比作手、足和耳，认为要成就一事，就需要由心来主导，手足耳来配合。“统而言之，主权在天皇，立法属议院，行政属内阁政府。议院不得权过政府，但政府不得夺议院之权。政府宜极力保护民人，不得侵刻人民，宜极力尽心国事、群合一心，以助国政，此宪法之主义也。”康有为认为，这是“论议法、行法、司法三权之故最透矣”。[1]

如果细检康有为戊戌期间有关宪政的言论，基本上他是接受了伊藤博文关于宪法、议院和君主权力之间关系的讨论，即在保证君主权力的前提下，议会在沟通民意和君主意志之间建立起有效的管道。这样的方法也并不违背圣人之治国精义。

对康有为之议会构想与君民关系的认识不能分而视之，或许我们可以作如此想，即议会的设立是为了让君主能更清晰地了解政情，是要替君主分担更多的

---

〔1〕 以上伊藤博文之言论和康有为的评议见《日本变政考》，《康有为全集》第四集，第251—252页。

政务，而不是对君主的权力进行制约。康甚至认为，一个有权威的皇帝和一群能干的辅佐之臣的配合，是德国和日本取得成功的主要理由：

> 《书》云“谋及庶人”，孟子称“国人皆曰”，盖真吾中国经义之精也。吾自弃之，而为元、明败坏蔽之制所误耳。夫达聪明目，一人之才力闻见，与众人之才力闻见，孰短孰长，当不待辨。况当大地忽通、万法更新之际，一切新法新学，多非旧臣老耄所能知识者，而以一国之大事付之彼一二人耳目之私，其能当乎？日本维新之始，规模阔大，条理通达如此，宜其致治之速也。惟中国风气未开，内外大小，多未通达中外之故，惟有乾纲独断，以君权雷厉风行，自无不变者。但当妙选通才，以备顾问。若各省贡士，聊广见闻而通下情，其用人议政，仍操之自上，则两得之矣。[1]

康认为，议会的顺利运行取决于民众的智慧，因此学校与议会是唇齿相依的。只有具备良好素质的人，才可能真正有能力参与政事。“自古君民之间，有相亲爱之道，无可疑忌之理。……凡先王所以勤勤恳恳，

[1] 康有为：《日本变政考》，《康有为全集》第四集，第117页。

为亲民之政者，非独养其生也，盖亦有以开其智焉。其民智愈开者，则其国势愈强，英、美诸国是矣。民智之始何基乎？基于学校；民智之成何验乎？验乎议会。夫学校与议会，相联络、相终始者也。故学校未成、智识未开，遽兴议会者，取乱之道也；学校既成，智识既开，而犹禁议会者，害治之势也。”[1]如果只开议会，没有学校的配合，那么只能危害政治秩序。相反，如果民众知识已经具备的情况下，依然阻碍他们参与政治，也会导致社会的混乱。

这些认识与康有为戊戌时期的宪政观都有直接的关联。

四　君民之间，议政权与君权的平衡

自林则徐等人开眼看世界以来，向西方学习的过程由最初的坚船利炮逐渐深入到其政治、法律制度，也即转为探求西方之所以强大之原因。在早期有使西经历的人如郭嵩焘等看来，西方之强，在于其制度。由此，如何在中国现有的制度体系中容纳、改造西方

〔1〕康有为：《日本变政考》，《康有为全集》第四集，第202—203页。

的政治体制，成为晚清一部分士人群体的共同追求。

在王韬和郑观应等人的文章中，他们已经开始介绍西方的现代政治制度，也开始分辨不同的政体，比如民主制、君主制和君民共主的制度之间的区别，这样的介绍给当时的中国人以很大的政治想象空间。不过也依然存在许多比附性的认识，比如对于宪政制度之核心的国会和议会制度，当时的认识就很模糊。根据方维规的考辨，“parliament”一词到了1890年代仍然没有基本统一的译法，但以下的词汇在当时指的都是parliament：

> 公会，国家公会，国公会，国会，国政公会，办国政会，巴厘满衙门，巴厘满，会议，公会所，总会，议事厅，公议厅，议会，议政院，集议院，议士会，民委员会，国大公会，议院，会堂，开会堂，议事院，议堂，巴力门会，巴力门，拍拉蛮，聚谋国事之大会，议事亭，公议院，民选议院，全国民会。[1]

这些名称带有传教士的印记，也显示着由日本转入的痕迹，反映了当时人们对西方议会制度的了解，并很

---

〔1〕方维规：《“议会”、“民主”与“共和”概念在西方与中国的嬗变》，《二十一世纪》第58期（香港：2004年4月），第51页。

快为康梁等主张变法的人士所接受和使用。我们在前文引述的《日本变政考》中，康有为所介绍的明治维新的国家机构设计中就有“集议院”与“议会”等不同的机构，这些机构的词源可能来自西方，但其核心的功能则是使政情通畅。而人们也不约而同地用传统中国政治的理念来理解这样的一些制度，一是要为这些制度的引入提供正当性的基础，二是便于掌权者的采纳。

在康梁师徒看来，作为变法核心诉求的议院制度，素来是他们着力要介绍的。而要让国人接受这样的制度，最好的途径就是找到经典中的相关论述。梁启超发表于1896年的《古议院考》堪称这类作品的典范：

> 敢问议院于古有征乎？曰法先王者法其意，议院之名，古虽无之，若其意则在昔哲王所恃以均天下也。其在《易》曰：上下交泰，上下不交否。其在《书》曰：询谋佥同。又曰：谋及卿士，谋及庶人。其在《周官》曰：询事之朝，小司寇掌其政，以致万人而询焉。一曰询国危，一曰询国迁，三曰询立君，以众辅志而蔽谋。其在《记》曰：与国人交止于信。又曰民之所好好之，民之所恶恶之，此之谓民之父母。好民之所恶，恶民之所好，是谓拂民之性。灾必逮夫身。其在

《孟子》曰：国人皆曰贤，然后察之；国人皆曰不可，然后察之；国人皆曰可杀，然后杀之。《洪范》之卿士，《孟子》诸大夫，上议院也；《洪范》之庶人，《孟子》之国人，下议院也。苟不由此，何以能询？苟不由此，何以能交？苟不由此，何以能见民之好恶？故虽无议院之名，有其实也。〔1〕

梁启超1896年10月27日在《时务报》上发表的《变法通义·论学会》一文，则视“议院”具有凝聚人民心智与力量的功能：

群之道，群形质为下，群心智为上。群形质者，蝗蚊蜂蚁之群，非人道之群也，群之不已，必蠹天下，而卒为群心智之人所制。……群心智之事则赜矣。欧人知之，而行之者三：国群曰议院，商群曰公司，士群曰学会。而议院、公司，其识论业艺，罔不由学；故学会者，又二者之母也。学校振之于上，学会成之于下，欧洲之人，以心智雄于天下，自百年以来也。〔2〕

〔1〕《饮冰室文集》第一册，第94—95页。中华书局1989年影印本。

〔2〕梁启超：《变法通义》，吴松等点校：《饮冰室文集点校》第一集，第38—39页。云南教育出版社，2001年。

要了解上述梁启超所谓的“国群曰议院”的含义，则首先需要了解“群”字的含义。1897年5月17日梁启超在《新知报》上发表《〈说群〉序》一文，主要是讲君主应弃“独术”而就“群术”。兹摘录重点略述如下：

> 叙曰：《记》曰：“能群焉谓之君。”乃古之君民者，其自号于众也，……今夫千万人群而成国，亿兆京垓人群而成天下，所以有此国与天下者，则岂不以能群乎哉？以群术治群，群乃成；以独术治群，群乃败；己群之败，他群之利也。……天下之有列国也，己群与他群所由分也，据乱世之治群多以独，太平世之治群必以群……抑吾闻之，有国群，有天下群，泰西之治，其以施之国群则至矣，其以施之天下群则犹未也。[1]

所以，在康梁的思路中，以议会为核心的宪政制度，可以起到政情通畅然后上下沟通的效果，最终则可以凝聚人心，所以梁启超将“君”理解为“能群”，即能够将国人团结在一起。结合康有为在《日本变政考》

---

〔1〕 梁启超：《〈说群〉序》，吴松等点校：《饮冰室文集点校》第一集，第128页。

中对于天皇和议会关系的讨论，我们可以看出，康梁在戊戌期间政治变革的重心，在于如何解决君主的权威性以及政令通畅的可能。在这个意义上，宪政并不单纯意味着对于君主权力的限制，而是要通过君权和民权之间的平衡来重建君权的统制力。这里面包含有两方面的问题。即（一）：晚清政治格局中如何处理国家能力和国民政治权利的关系；进一步体现为（二）：政治变革的目标是要促使社会整合还是社会分裂。

这两个问题，既与晚清的政治困境有关，也与康梁对国民参政能力的犹豫有关。

第一，在现代民族国家的体系之下，帝国主义对中国的侵略以其国家利益为目标。而对于当时的中国而言，要让中国在民族国家的局面下获得生存和发展，需要激发国民的创造性和责任感，这需要国家对国民基本权利进行保障。然而，民权的发展，会分散国家认同的一致性，这样，维护国家利益和保证每一个人的基本权利之间存在着矛盾。在晚清的特殊背景下，对国家能力的强调恰可以保护人民权利，化解保国、保种和保教的危机感。在康有为看来，权力的平衡依赖于对权力的限制，但同时他又要求强大的国家权力不受损害。

第二，宪政的核心是对于国家权威的制约，这势必会导致地方势力的膨胀，晚清以来地方军阀的崛起和民族矛盾，使国家的分裂成为一个现实的危险。因此，如何在推行分权的主张下，依然使国家维持凝聚力，这也是康在宪政实践中，特别要考虑的问题。

第三，也是最为现实的考虑，即民众的政治觉悟和实际参政议政的能力导致康有为虽然希望通过制度局来使民众有参与政治的可能性，但根本上他怀疑民众参与政治的现实必要性。

所以，虽然康有为认识到议院是泰西政治的基础，但他依然认为中国不能立刻进行开国会设议院的工作：

> 日本变法，以民选议院为大纲领。夫人主之为治，以为民耳。以民所乐举乐选者，使之议国政、治人民，其事至公，其理至顺。《孟子》进贤杀人，皆归之国人；《洪范》谋及庶人，即此义也。……然民智未开，蚩蚩自愚，不通古今中外之故，而遽使议政，适增其阻扰而已。今府、州、县开之，以奉宣德意，通达下情则可。日本亦至二十余年，始开议院。吾今于开国会，尚非其时也。[1]

---

〔1〕 康有为：《日本变政考》，《康有为全集》第四集，第170页。

在康有为看来，让民众参与政治是一个逐渐实施的过程，对于戊戌变法而言，这是一个目标，而不是当下要实施的方案。

1898 年 7 月 9 日，在《答人论议院书》中，康有为明确指出，在当时中国不应该采取议会制度，而应该以君权治天下：

> 夫君犹父也，民犹子也；中国之民，皆如童幼婴孩。闻一家之中，婴孩十数，不由父母专主之，而使童幼婴孩主之、议之，能成家自养否乎？必不能也。君犹师长也，民犹徒属弟子也；中国之民，皆如蒙学。试问蒙馆之中，童蒙数千，不听师长主之、教之，而听童蒙共主之、自学之，能成学否乎？必不能也。敬告足下一言，中国惟以君权治天下而已，若雷厉风行，三月而规模成，三年而成效著。泰西三百年而强，日本三十年而强；若皇上翻然而全变，吾中国地大人众，三年可成。况圣上天锡勇智，千载罕逢。有君如此，我等但夙夜谋画，思竭涓埃，以赞圣明足矣。[1]

这段话在很多人看来，是戊戌时期处于舆论风口

〔1〕 康有为：《答人论议院书》，《康有为全集》第四集，第 326 页。

浪尖的康有为为了化解政敌所做的解释，但是，我们依然可以认为是康有为内心的真实想法，即在具备“智识”的民众成长起来之前，遽行议会制度，否定君权，只可能起到反作用。那么，既然认为立宪政治不可实行，为何还要提倡呢？梁启超写于1901年的《立宪法议》可以解释这个问题：

> 问者曰：然则中国今日遂可行立宪政体乎？曰：是不能。立宪政体者，必民智稍开后而能行之。……问者曰：今日既不可遽行，而子汲汲然论之何也？曰：行之在十年以后，则定之当在十年以前……惟国亦然，必先定吾国将来采用何种政体，然后凡百之布置，凡百之预备，皆从此而生焉。[1]

如果接受这样的说法，那么，我们可以得出这样的结论：康梁在戊戌期间提出的新政构想，既对应于当下的社会危机，也有为未来而设计的政治蓝图。所以，在戊戌变法失败之后，康梁流亡海外，康有为所着力者则在对于儒家经典的重新诠释，并进一

---

〔1〕 梁启超：《立宪法议》，夏新华等编，《近代中国宪政历程·史料荟萃》，第27页。中国政法大学出版社，2004年。

步整理他的三世说，以为他的民主宪政制度做理论上的梳理。

1900 年 12 月，对于张之洞所撰之对出洋留学生的劝诫文，康有为予以驳斥，并提出了他自己对于国家、个人、议会等政治设置的认识。

在这个时期，康有为基本接受天赋人权的说法，并认为这是“地球之公理，文明之极点”。这项基本权利，不仅英美诸国载之宪法，同时亦是孔孟之义。“《论语》曰：我不欲人之加诸我也，吾亦欲无加诸人。言己有主权，又不侵人之主权也。孔子曰：匹夫不可夺志也。又曰：己欲立而立人，己欲达而达人。己有立达之权，又使人人有之也。孟子曰：天之生斯民也，使先知觉后知，使先觉觉后觉也。人人直接于天而有主权，又开人人自主之权也。”〔1〕虽然，

〔1〕 康有为：《驳张之洞劝诫文》，《康有为全集》第五集，第 337 页。在《孟子微》中，康有为对于独立平等和先知觉后知做了进一步的讨论，但其中的逻辑关系依然不明：“以仁为任，民智未开则觉其愚，民有患难则同其凶，故一在觉民，一在救民，此乃天生人道之公理也。人人皆天生，故不曰国民而曰天民。人人既是天生，则直隶于天，人人皆独立而平等，人人皆同胞而相亲如兄弟。然但生身有先后，故知觉有先后，而其同有知觉，同宜觉其后知后觉，则一也。”《康有为全集》第五集，第 417 页。这种逻辑上的不一致来自于平等观念和精英主义观念之间的内在紧张。

先知觉后知与人人自主之权之间的关联并不明显，但康有为则将孔孟的言说与法国、美国的宪法原则之间进行了对接，从而将自主权利纳入儒家政治的基本原则。

由此，康有为对于君民的权力做了区分，他不再采用君主是心而三权是身的比喻，而是认为君有君的权力，民有民的权利，而议院所做的决定，并不是让君主来采择的，而是必须执行的，不如是，则仍是“东方专制之国”。他说：“下议院者何？全国人民之代表者也。曷谓之代表？全国人民不能人人入议院以议定其政事，故于人民中选举若干人以代议其事，所谓代议政体也。代议者，人民之权利。不能以君主之威，而使之不议，即不能以君主之威，而使之无权，此所谓民权也。故议院者，为民而设，非为君而设。若但备采择，是专制国之顾问官，而议院不如是也。”〔1〕

在同一文中，康有为还着力于区分国家和朝廷的不同，强调国家并非朝廷的私产，而为全体人民所有。所以，“不忍中国之亡，必自辨朝廷与国家之区别始。”

〔1〕 康有为：《代上海国会及出洋学生复湖广总督张之洞书》，《康有为全集》第五集，第330页。

康有为说，纵观世界各国，有些国家并无朝廷存在，有些国家依然有朝廷，但是无论有无，国家的主权归属国民，因为“国家云者，即人民集合之区域，以达共同之志愿，居一定之疆土，组织一定之政治，而有独立无限之主权者也”。[1]

康有为在印度期间，开始有系统地重新注释儒家经典，这个过程其实也是他试图重新建立经典与现实政治秩序之间的关系。其间，他大量利用公羊三世的思想来解读《论语》、《中庸》、《孟子》等儒家经典，以此来为他改革的历史观和君主立宪的政治主张做理论上的说明。

在《中庸注》中，康有为以“应时”来解释“君子而时中”，他说：“孔子之道，有三统三世焉。其统异，其世异，则其道亦异。故君子当因其所处之时，观其会通，以行其典礼。上下无常，惟变所适。别寒暑而易裘葛，因水陆而资舟车。道极相反，行亦相反。然适当其时，则为此时之中庸，故为之时中。若守旧泥古，而以悍狂行之，反乎时宜，逆乎天运，虽自谓中庸，

[1] 同上书，第332页。

而非应时之中庸，则为无忌惮之小人而已。”[1]

所谓三世，即据乱、升平和太平。在康有为看来，孔子的立教之本在仁，所以必然“立三世之法，望大道之行”，也就是要实现以天下为公的大同政治理想，后世之人，不知孔学之宗旨，“以据乱之法、小康之治为至”[2]，这是与孔子的仁学不符的。

然而，不能因为大同之理想之治而盲目追求，而应根据现实所处之世选择一个合适的政治体制。“乱世、升平世、太平世，皆有时命运遇，不能强致，大义则专为国民。若其因时选革，或民主，或君主，或君民共主，迭为变迁，皆必有之义，而不能少者也。即如今大地中，三法并存，大约据乱世尚君主，升平世尚君民共主，太平世尚民主矣。此孟子遍论三世立主之义，其法虽不同，而其因世得宜，则一也。”[3]

康有为有时也借用孟子的“平世”和“乱世”来发明大同小康之说，并与其三世说相耦合。康有为说：

> 《春秋》要旨分三科：据乱世，升平世，太平

---

〔1〕 康有为：《中庸注》，《康有为全集》第五集，第371页。
〔2〕 同上书，第379页。
〔3〕 康有为：《孟子微》，《康有为全集》第五集，第464页。

世，以为进化，《公羊》最明。孟子传《春秋公羊》学，故有平世、乱世之义，又能知平世、乱世之道各异。然圣贤处之各因其时，各有其宜，实无可如何。盖乱世各亲其亲，各私其国，只同闭关自守。平世四海兄弟，万物同体，故宜饥溺为怀。不概乱世主于别，平世主于同。乱世近于私，平世近于公。乱世近于塞，平世近于通，此其大别也。孔子岂不欲即至平世哉？而时有未可，治难躐级也。……故独立自由之风，平等自主之义，立宪民主之法，孔子怀之，待之平世，而未能遽为乱世发也。以乱世民智未开，必当代君主治之，家长育之。否则团体不固，民生难成。未至平世之时，而遽欲去君主，是争乱相寻，至国种夷灭而已。〔1〕

在《孟子微》中，康有为着力从“民主”〔2〕的观

---

〔1〕 同上书，第421—422页。

〔2〕 康有为自己在使用“民主”的时候，概念并不统一，“为民之主”和“由民自主”两种含义并用。例如1901年他写给《与赵曰生书》中说到文悌对他的攻击时，就说：“文悌攻我保国会，谓吾欲为民主，保中国不保大清”（《康有为全集》第五集，第400页）。这里的“民主”指的是自己想做皇帝的意思。方维规先生在对民主一词的考察中指出：“19世纪90年代之前，中国知识界对‘民主’等概念多半囿于介绍而缺乏认同感。即便像中国首任驻外公使郭嵩焘这样的开明人士，在议论法国政局与民主制度的

念来阐发孟子的民贵君轻思想："此孟子立民主之制，太平法也。盖国之为国，聚民而成之，天生民而利乐之，民聚则谋公共安全之事，故一切礼乐政法皆以为民也。但民事众多，不能人人自为公共之事，必公举人任之。所谓君者，代众民任此公共保全安乐之事。为众民之所公举，即为众民之所公用。……众民所归，乃举为民主，如美、法之总统。然总统得任群官，群官得任庶僚，所谓得乎丘民为天子，得乎天子为诸侯，得乎诸侯为大夫也。"〔1〕

而在康有为看来，当下的中国是由据乱向升平转变的阶段，远未至太平群龙无首之时。在此时此地，君主立宪是政治合宜的目标。

（接上页）时候也认为'泰西政教风俗可云美善，而民气太嚣，为弊甚大'。这种对民主的怀疑态度与反感是很普遍的，王韬等人都有类似看法。这些观点在西方也有同调，我们也可以视之为西方民主怀疑论在中国的一种折射。另一方面，中国知识界在关注民主制度的时候，还缺乏推翻君主专制的胆略和想象，因此，不少人即便以为民主制度有其可取之处，而在提倡效法的时候却多半避开美法式民主，推崇英德或日本式民主，这就是所谓'君民共主'之说（君主立宪）在19世纪盛行的原因。"见桂宏诚：《"议会"、"民主"与"共和"概念在西方与中国的嬗变》。载《二十一世纪》，2000年4月，总第58期。

〔1〕 康有为：《孟子微》，《康有为全集》第五集，第421页。

章太炎与康有为对如何建构“民族国家”的分歧

再论《驳康有为论革命书》

章太炎在1903年5月《致陶亚魂、柳亚子》这封信中说，他自己与陶、柳一样，“曾以纪孔、保皇为职志”，逐渐走上反满革命的道路。章说：“鄙人自十四五时，览蒋氏《东华录》，已有逐满之志。丁酉年（1897年）入时务报馆，闻孙逸仙亦倡是说，窃幸吾道不孤，而尚不能不迷于对山之妄语。”[1]也就是说，在1897年前后，章太炎虽然已经具有反满意识，但在策略上依然接受康有为的改良政治策略。

然而，戊戌变法的失败，以及由随之而来的军事失败所导致的丧权辱国的《辛丑条约》的签订等一系

〔1〕 章太炎：《致陶亚魂、柳亚庐书》，载汤志钧编：《章太炎政论选集》上册，第191页。中华书局，1977年。

列事件，使清政府的合法性资源遭受到严重的销蚀，章太炎的主张逐渐由“革政”转向“革命”。

1900年6月，他因义和团庚子事变，上书时任两广总督的李鸿章，希望他与清政府决裂而建立新的南方政府，以保全南中国。[1]同年7月26日，在上海召开的“国会”活动上，因为不满倾向于康有为的唐才常所提出的政治主张[2]，章太炎愤然“断发”，并撰写了《解辫发》；而且在修订《訄书》时，对原先比较具有改良性质的《客帝》和《分镇》分别撰写了“匡谬”，彻底放弃了对于清政府和满族统治者的最后幻想，从而也明确了他借助种族主义[3]的方式提倡革命的路径。

---

〔1〕章太炎说：“某等所望于公者，则明绝伪诏，更建政府，养贤致民，以全半壁，不仅以奋蹈危难期也。”章太炎：《庚子拳变与粤督书》，载汤志钧编：《章太炎政论选集》上册，第145页。

〔2〕当时提出的国会宗旨是：“保全中国自主之权，创造新自立国”，“决定不认满清政府有统治中国之权”，“请光绪帝复辟”。这三个主张之间的矛盾是明显的，也体现了保皇党的内在矛盾，即如何在保皇和否定满清政府的合法性之间取得平衡。

〔3〕沈松侨说：“近代中国的首要关怀，始终便是如何建立一个强固有力的现代民族国家，以应付外在情势的严峻挑战。为达此一鹄的，以政治国家为指归的民族主义如何取代以文化国家为归趣的族类观念，自为题中应有的当务之急。然而，由传统的族类观念转变为现代意义的民族主义，却是一段漫长而痛苦的调适过程。”《近代中国民族主义的发展》，载《政治社会哲学评论》第3期，2002年12月，第59—60页。可以说，章太炎和康有为、梁启超

1900年之后，中国思想界对于中国前途的思考更为多元化。即使在变革阵营中也开始有了变法和革命的区别。即在革命党看来，无论是帝党，还是后党，均属于应该被推翻的清王朝，他们所追求的是一个由汉族人领导的新的国家。孙宝瑄对于1900年前后中国主张变革的政治势力，有这样的描述："今日海内，党派有四，曰变法党，曰革命党，曰保皇党，曰逐满党。变法党者，专与阻变法者为仇，无帝后满汉之见也。保皇党者，爱其能变法之君，舍君而外，皆其仇敌也。革命党者，恶其不能变法之政府，欲破坏之，别立政府也。三党所持，皆有理。惟逐满党专与满人为仇，虽以变法为名，总之不在变法也，故极无理，而品最下。"[1]这样的区别对于我们了解1900年前后中国政治思想的复杂性有很大的帮助。不过，这个区分也不甚严密，反映出许多人思想之间的重合性。比如革命党和逐满党之间、变法党与保皇党之间显然具有较多的重叠共识。尽管这四个选项之间可以产生多种组合，

（接上页）在20世纪最初两三年内关于满汉问题的争论，正是一个由族类观念转变为现代民族概念的复杂性的例证。

〔1〕 孙宝瑄：《忘山庐日记》上册，辛丑十月四日，第422页。上海古籍出版社，1989年。

但综而言之，四派的核心争议集中于一个关键目标：即通过逐满革命推翻清政府，建立共和国；还是主张满汉合体，在光绪的象征性权威之下，建立君主立宪的政府。

随后革命派以一种更为激烈的立场力图与维新派的君主立宪策略决裂，这样的态度一方面体现为革命派倾向于武力斗争的方式来推翻清政府；另一方面则体现为章太炎和刘师培等越来越激烈的排满主张。这样，无论是革命目标还是革命手段，章太炎与康有为等人的分歧益发明显。他们之间的正面理论冲突不可避免。

在章太炎和康有为于 1903 年进行那场具有深远影响的大争论之前，章太炎与梁启超之间先期于 1901 年爆发了一场预演式的争论。这一年，在八国联军攻占北京、慈禧被迫“西狩”的窘迫状况下，清政府的统治能力遭遇前所未有的怀疑，更为重要的是，日益增多的留学生群体和新式学生，越来越成为革命势力的支持者，而他们又拥有了西方新的理论工具。

新式知识分子群体具有原先士人所没有的社会批评精神，同时报纸等新媒体则为他们提供了展示自己批评社会和参与政治生活的可能。他们直接将政治主张宣示于报纸之上，而大众媒体所造成的集体无意识的心理则容易导致言论趋向激烈和刺激，比如驱逐满族、推翻政府的主张，甚至有杀人主义等口号。留学生人数众多的日本，更成为革命势力的传播基地。“庚子以后，东京留学生渐濡染自由平等学说，鼓吹革命排满者日众，《译书汇编》、《开智录》、《国民报》缤纷并起，《湖北学生界》、《浙江潮》、《新湖南》、《江苏》各月刊继之，由是留学界有志者与兴中会领袖合冶为一炉。革命出版物，风起云涌，盛极一时，在壬寅（清光绪二十八年）上海《苏报》案前后，已渐入于革命书报全盛时期矣。”[1]这些在日留学生的杂志，传播了大量的西方政治思想，尤其是民族主义，这对排满与保皇的争论起到了推波助澜的作用。

一　梁启超的民族主义与章太炎的《正仇满论》

如前所述，1900年，章太炎逐渐开始脱离康梁的君主立宪立场而主张种族革命。同年，他在对《訄书》初刻本的《客帝》篇所作的眉批中认为，这篇文章应“自

〔1〕冯自由:《革命初期之宣传品》，载《革命逸史》上，第21页。新星出版社，2009年。

劾录”[1]，在随后的《客帝匡谬》一文中明确指出，“满洲弗逐，欲士之爱国，民之敌忾，不可得也。”[2]认为“种族革命”[3]的思想是凝聚人心的重要根据。

也有人提出，章太炎明确其“种族革命”思想可能与秦力山有很大的关系。“（章太炎）的复仇主张似与光绪二十七年（1901 年）东京创刊之《国民报》所标榜的‘革命仇满两大主义’有密切关联。创刊《国民报》的秦力山与章炳麟有亲密交谊。”[4]而由章太炎所作、将梁启超的《中国积弱溯源论》作为主要论辩对象的《正仇满论》正是发表于《国民报》第四期。

---

〔1〕眉批曰：“余自戊、已违难，与尊清者游，而作《客帝》，弃本崇教，其流使人相食。终寐而颎，箸之以自劾录，当弃市。”见汤志钧编：《章太炎年谱长编》，第 110 页。中华书局，1979 年。

〔2〕见汤志钧编：《章太炎年谱长编》，第 111 页。

〔3〕孙宝瑄的日记中就记录了 1900 年左右章太炎立足于文字学而形成的种族思想：“枚叔深于小学，力持逐满之议，以夷狄为非人类，谓《说文》西羌从羊，南蛮从虫，北狄从犬，东貉从豸……然向来人多称东夷、西羌、南蛮、北狄，称东貉者殊少。如以东夷而论，则《说文》夷从大，大，人也，不得与犬羊虫相比。又云夷俗仁，仁者寿，有君子不死之国。……满洲处东方，正是东夷，则自古称仁人，称君子，岂在当逐之列乎？余素无种族之见，因枚叔善言小学，严种类之辨，故即据小学与之争。”（孙宝瑄：《忘山庐日记》上册，辛丑八月初二日，第 393 页。）

〔4〕小野川秀美：《章炳麟的排满思想》，李国祈编：《近代中国思想人物论——民族主义》，第 250 页。时报出版公司，1980 年。

戊戌变法失败后，康梁并没有因为这个挫折而改变他们基本的政治观点。这既是康梁对于现实政治趋势的判断，也与康有为的社会发展史观有关。康有为基于公羊三世说而确立的历史观，认为中国处于小康世，只适合采用君主立宪的政治体制。所以即使在被悬赏缉拿而被迫流亡的情势下，康有为所采取策略的第一步是“归政”，即将政治权力回归到光绪帝这边。他甚至试图通过勤王来武力恢复光绪的权位。勤王失败之后，部分康门弟子对于老师的政治目标和策略产生了巨大的分歧，康有为却依然故我。

康门弟子中，梁启超的政治立场复杂而多变，在1902年之前他依然追随康有为的政治主张，即以光绪皇帝的“归政”作为他们的政治目标。从他的文章我们可以看到，其改革中国的政治理想与光绪复辟是紧密相连的。所以，流亡日本的梁启超，在其创办的《清议报》中，陆续发表了《戊戌政变记》、《光绪圣德记》等文，赞扬光绪皇帝。光绪二十七年（1901年）三月至五月，梁启超写了《中国积弱溯源论》，指出在国家危难之际，最关键的是国民的团结，反对散布对满族仇视的言论，并认为中国当下社会之弊在于慈禧与荣禄。一旦光绪复政，就可以使中国走出困境。

梁启超说：“今夫国也者，必其全国之人有紧密之关系，有共同之利害，相亲相爱，通力合作，而后能立者也。”并认为有见识的爱国人士，肯定不会仇视满洲人。站在民权的角度，人民所应该痛恨的是贼民之君，而不论其是汉族或别的民族的君主。“若今上皇帝，非满人耶？吾载之犹父母也。故有特识而真爱国者，惟以民权之能伸与否为重，而不以君位之属于谁氏为重。”[1]

梁启超还举欧洲列国经常会因为君统没有合适的继承者，而迎立异国之公族的事例来说明满族人作为中国君主的合理性，强调中国积弱的根源不在于异族统治，而在于国家的“理想”、“风俗”和“政俗”上的缺陷。梁启超采取了“褒光绪贬慈禧”的方法，来为晚清的政治变革方向作出描绘，即中国之积弱，固然全体国民都有责任，但主要的责任在慈禧，而光绪则成为努力挣脱慈禧控制的角色，“忘身舍位，毅然为中国开数千年来未有之民权，非徒为民权，抑亦为国权也。”[2]

梁启超指出，与改良相比，革命将造成巨大的破

〔1〕 梁启超：《中国积弱溯源论》，载氏著：《饮冰室文集点校》第二集，第669页。云南教育出版社，2001年。

〔2〕 同上书，第672页。

坏并导致社会危机，因此，改良是中国合理的政治变革方案。他不仅指出洪秀全起义所造成的生灵涂炭不亚于法国大革命，同时对平定起义的曾国藩、李鸿章等人也有批评，认为这是国家内部的自相残杀。他借用俾斯麦的话说："欧人以敌异种者为功，自残同种以保一家，欧人所不称也。"[1]

身处日本的梁启超显然是敏锐地感受到了仇满所激发的革命激情。这种激情经由义和团运动和《辛丑条约》等事件而成为新的社会运动的动力，特别是一直存有排满心理的会党与革命思想的结合，使排满日益成为一种社会思潮。

而从小接受反满熏陶的章太炎，很快接受了种族革命的思想，并成为这个思潮的推动者。针对梁启超这个时期的作品，特别是《中国积弱溯源论》一文，章太炎撰写了《正仇满论》(1901 年 8 月 10 日，刊于《国民报》）予以批驳，从内容和具体的理由看，都可以视为 1903 年康有为和章太炎关于革命的争论之前奏，在《驳革命书》一文中，章太炎甚至大量地引用

---

〔1〕 梁启超：《中国积弱溯源论》，载易鑫鼎编：《梁启超选集》上卷，第 37 页。

了《正仇满论》中的文字。

在《正仇满论》中，章太炎指出，他主张革命，是由于“理势所趣”，这实际上是要破解康门所持的公羊三世说的历史观。他强调，排满并非是为了报满洲的私仇，而是顺应历史的潮流；满族人在漫长的清朝时期对汉族人进行屠刽、焚掠、钳束，而义和团等事件则表明满族统治者已经没有能力统领这个国家走出困境，所以就应该通过革命来推翻。革命乃社会之公理，而非为汉族之复“私仇”。

章太炎在文中对梁启超的主要立论做了如下批驳。

首先，光绪远非梁启超所描述的那种圣主，光绪所进行的改革也非真正为了民权，只是为了巩固满族统治而已。

其次，虽然汉族的统治者和满族的统治者中，都有“民贼”，然而汉族的士人从来不与满族朝廷同心，所以，不排斥满族，要建立国家的凝聚力是不可能的。

第三，欧洲各国君统乏嗣、迎立异国公族之事，是基于他们种族和文化发展程度上的相似性。同时，也有希腊、意大利从土耳其和奥匈帝国独立的例子，所以，这并不能成为中国接受满族统治者的理由。

章太炎进一步说，排满并非诛满，而是让满族人回到他们原来生活的东北，中原则恢复为汉族的国家。他将之概括为“保生命不保权位”，这个说法针对的是戊戌前康有为创立保国会时所提出的“保中国不保大清”的口号，并将这个口号解读为康梁并非自始至终支持满清皇权。章太炎最后说，立宪起于民权，非皇帝一人所能为，因此，立宪与保皇之间存在对立性，康梁的做法是“忠君”意识的体现，而非真正意义上的提倡民权。[1]

总而言之，章太炎认为既然满洲政府无力抵御外敌，又难以成为凝聚民气之核心，故必须将逐满作为革命手段，否则国家终将成为欧美的奴隶。

二 建立民族国家使命下不同的民族主义立场

章太炎的激烈言论导致他很难在国内立足，1902年2月28日，章太炎第一次逃往日本，住在梁启超的《新民丛报》社中。这个阶段，梁启超的思想处于激烈的转变之中。因为革命立场上的接近，章太炎与秦

[1] 章太炎：《正仇满论》，见陈夏红编：《辛亥革命实绩史料汇编——舆论卷》，第91—95页。中国大百科全书出版社，2011年。

力山、孙中山在东京交往密切，“时香山孙公方客横滨，中外多识其名者。而游学生疑孙公骁桀难近，不与通，力山独先往谒之。会余亦至。孙公十日率一至东京，陈义斩斩，相与语，欢甚，知其非才常辈人也。诸生闻孙公无佗犷状，亦渐与亲，种族大义，始震播横舍间。”[1]章太炎的种族革命观念也日渐成熟。

在这个时期革命与排满的口号获得了一种互相支持的效果，有文章梳理这个过程：

> 革命排满思想原起于会党，由来已久；而革命排满两个观念结在一起，公开号召，收大效者，当在光绪二十五年（1899）保皇会成立之后，章太炎说：“改制同族，谓之革命；驱逐异族，谓之光复。今中国既灭亡于逆胡，所当谋者光复也；非革命云尔。容之署斯名，何哉？谅其所规划不仅驱除异族而已，虽政教学术，礼俗材性，犹有当革命焉，故大言之曰革命也。”（邹容《革命军》序，1903年出版）而梁启超也认为：“易姓者，固不足为 Revolution，而 Revolution 又不必易姓。……国民变革与

〔1〕 章炳麟：《秦力山传》，中国史学会编：《辛亥革命》（一），第282页。上海人民出版社，1954年。

王朝革命，其事固不相蒙。”（《释革》）当时两党言论权威如章、梁者，尚以为排满与革命非一事，总算经过邹容把革命“大言之”，才使革命排满连在一起。所以国父说：“邹容著有《革命军》一书，为排满最为激烈之言论，华侨极为欢迎。其开导华侨风气，为力甚大。此则革命风潮初盛时期也。”（《孙文学说》第八章）这时国父才正式揭出革命排满的旗帜与保皇党“画清界限，不使混淆”。（国父《敬告同乡书》，1904 年发表）[1]

在将革命与排满结合在一起之后，孙中山等人的革命党获得了越来越多的支持者，与以康有为为代表的保皇改良势力逐步形成分庭抗礼并后来居上之势。

这个时期的梁启超，思想上不断倾向于革命派，他不仅对康有为的孔教思想提出了不同的看法，甚至在排满和革命等问题上，也体现出与康有为不同的态度。1902 年 4 月，梁启超写信给康有为解释他的一些不同见解，信中说：“至民主、扑满、保教等义真有难言者。弟子今日若面从先生之诫，他日亦必不能实行也，故不

[1] 中华民国开国五十年文献编纂委员会编纂：《中华民国开国五十年文献》第一编，第九册，第 278—279 页。台北：正中书局，1963 年。

如披心沥胆一论之。今日民族主义最发达之时代，非有此精神，决不能立国，弟子誓焦舌秃笔以倡之，决不能弃去也。而所以唤起民族精神者，势不得不攻满洲。日本以讨幕为最适宜之主义，中国以讨满为最适宜主义。弟子所见，谓无以易此矣。满庭之无可望久矣，今日日望归政，望复辟，夫何可得？即得矣，满朝皆仇敌，百事腐败已久，虽召吾党归用之，而亦决不能行其志也。”

在信中，梁启超明显反对康有为一贯主张的归政期待，认为即使复辟亦不能从根本上挽救腐败无能的满清政府。梁启超接着指出，康门弟子中倾向革命的人很多，因此希望能在爱国的途径选择上“同归而殊途”。他说：“先生受皇上厚恩，誓不肯齿及一字，固属仁至义尽，至门弟子等心先生之心，以爱国同归而殊途，一致而百虑，似亦不必禁之矣。”〔1〕可见梁启超希望康有为能容许门下弟子的革命倾向。

梁启超信中所描述的情形大致不差，因为这个时期

〔1〕丁文江、赵丰田：《梁启超年谱长编》，第189页。上海人民出版社，2009年。康有为甚至在1902年6月《致欧榘甲等书》中，说看到他们论革命，“头痛不可言”，并说他自己是绝不可能背弃光绪的，而如果欧榘甲等人继续坚持革命，“惟有与汝等决绝”。见《康有为全集》第六卷，第352页。

保皇派主办的报纸中，鼓吹革命的文章屡见不鲜。在这样的背景下，康有为在1902年5月，连续写了《答南北美洲诸华商论中国只可行立宪不能行革命书》和《与同学诸子梁启超等论印度亡国由于各省自立书》，部分刊载于《新民丛报》，并合印为《南海先生最近政见书》。写这两篇文章的时候，康有为虽然身在海外，但他对于国内政治动向非常了解，他希望通过讨论种族、国家问题，革命、改良的路径差异，充分表达自己在1900年后面对革命形势高涨所采取的政治主张，以消除门下弟子在政治立场上日趋多元化的倾向。[1]

---

〔1〕 桑兵认为，康有为眼见革命风潮蔓延，不能以私了的方式来处理，因此想把对美洲华侨的信写成公开的"政治宣言"，并有警示门下的意味。原信中有如果不同意他的意见，将会被革出康门的言辞，只是在公开发表的时候被删去。原信说："仆誓奉皇上，有死无二。诸君夙厉忠义，曰有异义者，得无以各报时有非常之论，而误以为出自仆意故耶？仆自逋播海外，与知友门人离群索居，不得讲习讨论久矣，其或激于回銮之后，复辟不闻，贼臣柄政，中国无望，怨愤之余，或生异说，非仆所知。今自由之风既开，求新之说日甚，亦非吾远隔万里所能遥制。惟仆开会保皇，矢死靡他，苟非皇上遭变，必不少改宗旨。其各报有异论者，皆非仆之意。即使出自仆之门人之说，若为保皇立宪以达民权自由之旨与仆同者，吾徒也；若为革命攻满之说，则与保皇之旨相反，与仆不同者，非吾徒也。即使出自仆门，或已有盛名，亲同患难者，既为异论，即与仆反，诸君切勿以为仆之意也，勿听之也。"见《庚子勤王与晚清政局》，第371页。北京大学出版社，2004年。

康有为所要面对的是日益激烈化的思想倾向和越发严重的仇恨满清王朝和满族人的气氛。这种气氛在江苏、浙江、上海一带尤其炽烈。1902 年中国教育会成立，此时一些在日本留学的学生因思想激进又被驱逐回国。在章太炎、蔡元培和黄宗仰等人的发起下，众多留学生复又成立一个革命组织爱国学社，并不断有思想激进人士如章士钊等加入，使这个爱国学社成为革命思想的传播中心。

另一个传播革命思想的中心是为同情革命的陈范所收购的《苏报》。《苏报》的言论十分大胆，这从《苏报》案的清政府起诉书中可以看到其激进的程度："陈范住三马路二十号门牌，登报大逆不道，污蔑今上。闰月初五，登《论界说康有为与觉罗氏之关系》；五月二十三，登《满人九世深仇》；五月初八，登《客民篇》；五月十四，登《读革命军》，有'男降女不降，生降死不降，老降小不降，总之驱逐满人，匡辅真主'；五月初五，登《章炳麟驳康有为书》，交通外人，能得欢心，可使中外子民轻蔑皇上；五月七日，登'杀人主义即复仇主义，以四万万人杀一人，能不快心'。"〔1〕

---

〔1〕 引自李剑农：《中国近百年政治史》，第 214 页。商务印书馆，2011 年。

如果这样的言论出现于在日留学生在东京创办的刊物中，或许并不会令人诧异；但在满清帝国治下居然直接出言攻击皇帝，并主张杀人复仇，其激烈程度可谓骇人听闻。邹容《革命军》[1]和章太炎《驳康有为论革命书》为其中极致。在章太炎看来，《革命军》虽然理论未见周详，但其激烈的言辞恰好是时势所需。而更为复杂的理论阐述则通过《驳康有为论革命书》加以展开。这篇文章对当时最为核心的种族主义、政治制度设想等都提出比较明确的说明，因此，可以从理论上对抗依然有很大影响力的康有为。故而，重新梳理康章的论争，对于我们厘清双方对于未来中国的构想，是有很大帮助的。

（一）满汉问题：夷夏观念与民族主义的叠加

近代中国所面临的一个最大困境，就是由传统的天下国家秩序被动地转向现代民族国家体系。民族国家建构的方式有很多种，由此而得出的理论模型也有

---

〔1〕《革命军》的核心主张如下：一、中国为中国人之中国，我同胞皆须自认为自己的汉种中国人之中国。一、不许异种人沾染我中国丝毫权利。一、所有服从满洲人之义务，一律消灭。一、先推倒满洲人所立北京之野蛮政府。一、驱逐居住中国中之满洲人，或杀以报仇。一、诛杀满洲人所立之皇帝，以儆万世不复有专制之君主。

很多面向，比如融合境内多民族而建立一个国族的民族主义，也有以单一民族建国的民族国家等。可以说，这几种面向在晚清都有支持者。

但新传入的民族主义与传统中国的种族理论以及满族统治中国这样特殊的王朝形式纠缠在一起，就形成了晚清民族国家建立过程中的复杂状况，代表性的论说包括章太炎、刘师培等一度所秉持的单一民族的民族国家观念，和康有为所主张的统合满汉的国族主义观念。

为了阐释这个复杂的问题，我们需要先回溯一下清朝的民族政策的大致演变，这对于理解晚清的不同民族主义立场以及康、章之间的争论至关重要。

因为异族入主中原，民族问题一直是清王朝所要面对的大问题：以一个人口占绝对少数和文明程度处于相对劣势的“族群”来统治一个广土众民的大中华，无论在制度还是文化策略上，都会存在巨大的挑战。对于满洲王朝如何通过文化和种族上的融合来处理王朝认同的问题，学术界的争论一直非常激烈，且有愈演愈烈之势。有一部分学者认为，满洲统治者是通过不断汉化的方式来建立起王朝认同的。也有不少学者却根据史实和满文的文献发现，“满汉文化从冲突到融合的过程，是以汉文化为主体的双向的互动过程，而绝非单向的——满族单向地接受，或汉族单向地给予——满族逐渐汉化，直到被同化的简单过程。”[1]清朝满汉关系的复杂性以及八旗制度的建立和军机处等机构的设置，都体现出民族等级秩序的制度安排，导致了晚清不同政治立场的人从不同的角度来理解满汉关系，比如康有为就是从汉化的角度来讨论满汉关系，而章太炎则是从种族之间的不平等来反对满洲统治。

我们在这里并不能系统地讨论近代中国种族和民族概念的兴起，但是有一点可以确定：达尔文所创立的进化论思想和甲午战争的失败，使当时的中国人产生了亡国灭种的危机感。种族危机和传统的文化中心主义之间既互相冲突，又互相妥协。[2]这样的冲突和妥协对本来就已经含义复杂的民族主义在近代中国呈

---

〔1〕 郭成康：《也谈满族汉化》，载刘凤云、刘文鹏编：《清朝的国家认同》，第91页。中国人民大学出版社，2010年。本书还收录了包括何炳棣、罗友枝等关于满汉关系的许多重要文章。

〔2〕 冯客说：“1894—1895年中日战争以后，种族观念在中国的发展已被一般地简化为‘传统的民族中心主义’与‘现代的社会达尔文主义’的共存。”见冯客：《近代中国之种族观念》，第91页。江苏人民出版社，1999年。

现出更为纠结的样态，并影响到不同的思想家对于即将要建构的“新中国”的不同理解。

最先使用民族主义概念的是梁启超。1901年他在《国家思想变迁异同论》中说：“民族主义者，世界最光明正大公平之主义也。不使他族侵我之自由，我亦毋侵他族之自由。其在于本国也，人之独立；其在于世界也，国之独立。”[1]从梁启超的解释看，民族主义既有民族独立的含义，也有颇具“现代性”色彩的人之独立的因素。这个现代性的因素为当时许多介绍民族主义观念者所共有，比如余一说：“吾言民族主义，何以必推源于法国大革命，曰民族主义与专制政体，不能相容者也。民族主义之大目的，在统一同族以立国，然兹所谓统一云者，志意的统一，非腕力的统一也，共同的统一，非服从的统一也。而非民族的国家，所以能成立，盖谓其族既不同，则其志意必不能统一。而分裂委弃之事，必不能免也。”[2]

但这些民族主义的鼓吹者所要面对的并非只有建

〔1〕 梁启超：《国家思想变迁异同论》，《饮冰室合集》卷六，第20页。中华书局，1989年。

〔2〕 余一：《民族主义论》，载《浙江潮》1903年第2期。

国一个问题，还要面临这个新的格局下国家之间的不平等所造成的民族之间的压迫和欺凌，尤其是这样的不平等得到了社会达尔文主义在合法性上的支持，所以，追求民族独立和国家强大的使命之间有时会产生矛盾，即民族独立有时候会削弱国家的整体实力。因此相比之下，梁启超更为忧虑的则是民族帝国主义，即现代的民族国家以民族主义为支持将欺凌别国的行为合法化。梁启超力图将这两者区分开来，提出要抵抗民族帝国主义，必须推行民族主义。他说："夫所谓民族帝国主义〔1〕者，与古代之帝国主义迥异。昔者有若亚历山大、有若查理曼、有若成吉思汉（汗）、有若拿破仑，皆尝抱雄图，务远略，欲蹂躏大地，吞并弱亡。虽然，彼则由于一人之雄心，此则由于民族之涨力；彼则为权威所役，此则为时势所趋。"梁启超

〔1〕"民族帝国主义"的说法，当时被许多人接受，并认为其实质是侵略和强权。"十九世纪，欧洲各国由民族主义进而为民族帝国主义。帝国主义者何？即曰野蛮人无开发土地富源之能力，文明人必代为开拓之；又曰优等人种虐待劣等人种，为人道之当然者是也。各国挟此主义如贪狼饿虎，四出搜索，不顾天理，不依公法，而惟以强权竞争为独一无二之目的。杀人如草不闻声，此帝国主义之真本领也。非洲、澳洲之大，既全奉白人为主人翁，而亚细亚亦失去三分之二矣。"（《论说：论中国之前途及国民应尽之责任》，《湖北学生界》第三期，1903年3月。）

点明了以往帝国的征伐占领与现代民族国家之间的侵略掠夺之间的差异，所以，面对现代的民族帝国主义，必须凝结整个国家和民族的力量来抵抗，“故今日欲抵当（挡）列强之民族帝国主义，以挽浩劫而拯生灵，惟有我行我民族主义之一策。”〔1〕

提倡民族主义，必然会面临一个种族分辨的问题。如果是主张“国族民族主义”，那么就需要通过教育和宣传，将分裂的各个部族统合为“一体”，建构以国家为边界的“民族意识”。而对于近代中国而言，满汉之间的矛盾则直接体现为一种割裂式的民族意识。这一点为革命党所倡导。如刊登于激进革命刊物《浙江潮》的《民族主义论》一文中指出：“合同种异异种，以建一民族的国家”，认为一个国家内如果容纳两个民族，必定会一个民族奴役另一个民族，否则很难收到“合其力为力”的效果。〔2〕

作为《民报》之前最为激烈的革命派舆论阵地，1903年前后《苏报》的观点，自然要强调中国是“中

---

〔1〕 梁启超：《新民说》，《饮冰室合集》专集之四，第4—5页。中华书局，1989年。

〔2〕 余一：《民族主义论》，载《浙江潮》1903年第2期。

国人之中国”，而非满人之中国：

> 吾怪满洲人者何也？中国者中国人之中国。当二百六十年之前，黄河之畔，扬子江之滨，黄帝神明之胄，栖息于其间，绝无汝满洲游牧之踪迹；泰山之北，衡岳之南，所谓衣裳冠带之区，绝少汝辫发左衽之异类。以群中国之人，居中国之土，始有国家之名词，始有言国家之资格。汝满人何为竟敢以我国家之好名词，置于极诬谬狂戾之上谕？若曰“国家养士二百年”，若曰“国家深恩厚泽”。呜呼，汝曷不自量之甚也！我汉人建国于此大陆，已三千年矣，举我同胞，皆与我国家有密接之关系，故国之爱我，国之养我，国之恩我泽我，乃我国家应有之责任，无待我之要求，无待我之报效，而国家莫不置我于幸福之地。汝满人为何既窃用我“国家”二字以为口头禅，又妄称“二百年国家”以缩我寿命，且又敢曰“深恩厚泽”以责我不报？[1]

该文认为，满洲统治者既有窃夺中原时的种种恶行，又有近来丧权辱国之表现，因此根本不能指望他

---

〔1〕 章士钊：《请严拿留学生密谕有愤》，《章士钊全集》一，第377页。文汇出版社，2000年。

们抵抗帝国主义的侵略，惟有复国，才有保存汉种之可能。该文还祭出传统中国的复仇思想：“如以主权归异族为亡国，则中国之亡已二百六十年矣。满洲游牧，有何高出于白人者？不愿白人来分割我、支配我，而甘为满族之奴隶，其汉人恃以不亡之道乎？吾愿吾国人起复仇心，旧仇可去，则新仇自消。对今之满洲既能张复仇之义，以光复我有，则他日之大英、大法、大俄、大德之来主我者，亦可张复仇之气，以驱逐之也何难。挟复仇之义，立此生存竞争最酷最烈之世界，吾必知其能操优胜之权，而无劣败之患。”〔1〕

这样的民族主义观念体现在章太炎和刘师培等人这里，则是利用他们所擅长的历史和古文字学、民族学等方面的知识来证明汉族和满族之间的差异，从而为单一的民族国家建构提供理论基础。

孙宝瑄在日记中记录了他与章太炎就利用文字起源来“严种类之辨”所产生的差异：“枚叔深于小学，力持逐满之议，以夷狄为非人类，为《说文》西羌从羊，南蛮从虫，北狄从犬，东貉从豸……然向来人多称东夷、西羌、南蛮、北狄，称东貉者殊少。如以东夷而

〔1〕 章士钊：《请严拿留学生密谕有愤》，《章士钊全集》一，第379页。

论，则《说文》夷从大，大，人也，不得与犬羊虫相比。又云夷俗仁，仁者寿，有君子不死之国。……满洲处东方，正是东夷，则自古称仁人，称君子，岂在当逐之列乎？余素无种族之见，因枚叔善言小学，严种类之辨，故即据小学与之争。”[1]他们之间的观点差异导致了友谊的决裂。

刘师培也大量撰文来说明汉族起源于西部，与起源于中国东北部的满族人为不同的血缘。他在著名的《攘书》中说：

> 汉族初兴，肇基西土，而昆仑峨峨，实为巴科民族所发迹，吾观《山海经》一书，知古代神圣所居，大抵在昆仑附近。如轩辕之国，地近穷山，轩辕之台，地滨沃野，而后稷、祝融、重黎，皆由西方迁入。证以《路史》遗文，则无外无热之陵，即系昆仑之故址矣。近者亚欧错壤，载籍东来，谓华夏旧名，起于花国，吾谓花国之称即大夏一音之转，而诸夏之名，当由大夏转被，由诸夏转为诸华，致支那、震旦之称皆由此起，而要之皆西方所传入也。故颛顼炎帝之裔散处西陲，

[1] 孙宝瑄：《忘山庐日记》上册，辛丑八月初二日。第393页。

而穆满西游直税驾昆仑之麓。[1]

虽然“华夏旧名，起于花国”等说法几近无稽，但在当时却流传甚广，其目的无非是要证明满汉之间的不同起源，以达到“光复”中华的目的。

从刘师培和章太炎的言论中，我们可以看出，他们所借助的资源，除了中国古代典籍，还有西方传入的人类学和历史地理学知识。而作为国族主义的代言者，康有为等人更多借助的手段是通过重新解释公羊学的“夷夏之辨”来化解民族的矛盾。

关于种族问题，传统的公羊学有着甚至是互相矛盾的观念，即在《公羊传》及其后来的解释著作中，既有着重于区别种族差异的“尊王攘夷”观念，也有着重文明教化的基于普遍主义的“王者无外”、“夷狄进于中国则中国之”的立场。[2]康有为及其弟子，要

〔1〕刘师培：《攘书·华夏篇》，《国粹与西化——刘师培文选》（李妙根编选），第64—65页。上海远东出版社，1996年。

〔2〕皮锡瑞在讨论这个问题时总结说：“《春秋》有攘夷之义，有不攘夷之义。”然皮氏亦是以晚清流行的三世说来化解种族论和普世论的差异。“然则以《春秋》为攘夷，圣人非无此意，特是升平主义，而非太平主义，言岂一端而已，夫各有所当也。拨乱之世，内其国而外诸夏，诸夏非可攘者，而亦必异内外。故董子明言自近者始，王化自近及远，由其国而诸夏而夷狄，以渐进于大同。”见皮锡瑞著，周春健校注：《经学通论》，第371—372页。华夏出版社，2011年。

面对的也不是单一的满汉问题，而是中西问题与种族问题的交互，体现为学习西方与寻求独立的冲突。康有为主张变法，学习西方政治社会制度，必须要应对当时的极端保守势力从“以夷变夏”的立场对他进行的批评。为此，康有为及其弟子着力阐发“王者无外”的普遍主义立场。徐勤在给其师康有为的《春秋董氏学》所写的按语中，就从地理空间变化的角度来批评夷夏观念的局限性。他对《春秋繁露·竹林》篇中“故《春秋》之于偏战也，犹其于诸夏也。引之鲁，则谓之外。引之夷狄，则谓之内”的解读中，就以新的地理观念，对内外关系进行了重新定位。他说：“若将夷狄而引之于诸地、诸天、诸星之世界，则夷狄亦当谓之内，而诸地、诸天、诸星当谓之外矣。内外之限，宁有定名哉？此《庄子》所谓‘自其大者视之，则万物皆一’也。”[1]徐勤对历史上主张严种族之辨的公羊学理论进行批评，认为这会阻碍儒家大同理想的实现。他说：

> 《春秋》无通辞之义，《公》、《穀》二传未有明文，惟董子发明之。后儒孙明复、胡安国之流不知此义，以为《春秋》之旨最严华夷之限，于

〔1〕 康有为：《春秋董氏学》，《康有为全集》第二集，第414页。

是尊己则曰“神明之俗”，薄人则曰“禽兽之类”。苗、瑶、侗、僮之民，则外视之。边鄙辽远之地，则忍而割弃之。呜呼！背《春秋》之义，以自隘其道。孔教之不广，生民之涂炭，岂非诸儒之罪耶！若无董子，则华夏之限终莫能破，大同之治终未由至也。[1]

满汉问题与国家建构的复杂关系，势必会成为康章之争最为核心的问题。

（二）康有为和章太炎对于满汉关系的正面辩驳

对于由种族主义或民族主义而产生的“国家”问题，康有为所考虑的更多的是历史的延续性和如何继承清王朝在疆域上的遗产。所以，他十分强调“国民”和“民族成员”的区别。

康有为所采取的论证策略分为历史和现实可行性两方面：

就历史方面来说，在《答南北美洲诸华商论中国只可行立宪不能行革命书》中，康有为所引用的是《史记》中关于匈奴祖先的一段描述：“匈奴之先祖田淳维，夏后氏之苗裔。”按这个说法，匈奴之先祖是夏

〔1〕 康有为：《春秋董氏学》，《康有为全集》第二集，第414页。

禹的后代，由此可论证北方之人，均与汉族人同种。而在历史发展的过程中，中国疆域上的不同的种族之间不断融合，“当时中国民数，仅二三千万，计今四万万人中，各种几半，姓同中土。孰能辨其真为夷裔夏裔乎？若必并此而攘之，恐无从检姓谱而行之也。”〔1〕长期的种族融合致使你中有我，我中有你，因此要区分种族而驱逐异类，事实上已经不可能。

康有为据《史记》为证来说明中国民族为“多民族不断融合”的过程，对此章太炎首先也是从史实入手进行反驳。他认为，匈奴和满族并非同种，满洲在中国历史上属于东胡，而非北狄，按西方的说法是“通古斯”种，因此，即使匈奴是“禹后”，也并不能借此来证明满族跟中华是同一种族。

其次，从理论层面上来说，章太炎认为，近代以来的民族差异，并非是从天然人种的角度来区分的，而是以历史文化的标准来衡量的，“近世种族之辨，以历史民族为界，不以天然民族为界。”〔2〕对于“历史

〔1〕 康有为：《答南北美洲诸华商论中国只可行立宪不能行革命书》，《康有为全集》第六集，第327页。

〔2〕 章太炎：《驳康有为论革命书》，载朱维铮、姜义华注释：《章太炎选集》，第158页。上海人民出版社，1981年。

民族”这个概念，他在写于1904年的《序种姓》一文中又有所具体化：“然自太古生民，近者二十万岁，……亟有杂淆，则民种羯羠不均。古者民知渔猎，其次畜牧，逐水草而无封畛；重以部族战争，更相俘虏，羼处互效，各失其本，燥湿沧热之异而理色变，牝牡接构之异而颅骨变，社会阶级之异而风教变，号令契约之异而语言变，故今世种同者，古或异种；异者，古或同。要以有史为限断，则谓之历史民族，非其本始然也。”[1]这就是说，即使从起源上是同一种族，因为不同的历史和地理环境的影响，形成了不同的文化和风俗习惯，这样，也就自然变成不同的民族了。

不过，仔细考量章太炎对“历史民族”概念的梳理，恰好符合于“夷狄进于中国则中国之”的公羊义例。如果从文化层面来界定民族的话，那么无论是否属于同一民族，只要都认可更高层级的文化，就可成为一个新的文化共同体，这接近于历史民族的实质性含义。由此出现一个吊诡的现象，即，章太炎与康有为所要论证的目标虽然不同，但是都采用“一个民族是历史形成的”这样一个“建构性”的民族立论。

---

〔1〕 章太炎：《序种姓》，《章太炎选集》，第196页。

康有为认定夷夏之别是一种文化和历史上的区分，而不是人种上的区分。他说："夷夏之别，出于春秋。然孔子《春秋》之义，中国而为夷狄则夷之，夷而有礼义则中国之。……然则孔子之所谓中国、夷狄之别，犹今所谓文明、野蛮耳。故中国、夷狄无常辞，从变而移。当其有德，则夷狄谓之中国；当其无道，则中国亦谓之夷。狄将为进化计，非为人种计也。"〔1〕满族人在入主中原之后，接受了儒家教化，所以，事实上已进于中国。

康有为之所以认为满族人应该成为所要建构的民族国家的一个组成部分，还在于他对于当时中国所处的国际格局的理解。他认为当时中国的主要矛盾是民族帝国主义，即西方国家对于中国的侵略和瓜分，因此，唯有把中国土地上的各民族人民团结起来，才有力量抵抗外敌。"夫今日中国积弱，众强环视，苟汉之与满，割而为台湾，亡而为印度、波兰，则必不得政治平等自由之利，是则可忧也。然既非其比矣，则国人今日所当忧者，不在内讧，而在抗外也。欲抗外而

〔1〕康有为：《答南北美洲诸华商论中国只可行立宪不能行革命书》，《康有为全集》第六集，第327页。

自保，则必当举国人之全力，聚精会神于是，或可免也。"〔1〕在康有为看来，国内不同民族之间兄弟相争，正可以为列强提供瓜分中国之机会，而陷入“永为奴隶，永无自立”的境地。

康有为认为，保住现有的疆域和人民是国家强大的基础，要接受满洲所开拓之疆土对于中国国家建立的意义。同时，国家之强大，必须“旁纳诸种”。“国朝之开满洲、回疆、蒙古、青海、藏卫万里之地，乃中国扩大之图，以逾唐、汉而轶宋、明，教化既益广被，种族更增雄厚。俄罗斯所以为大国者，岂不以旁纳诸种之故？然则满洲之合于汉者，乃大有益于中国者也。"〔2〕

对于这个“旁纳诸种”的满汉合体观念，我们并不能简单地视之为康有为对于光绪帝知遇之恩的简单回馈，而应看到其背后康梁一直提倡以一种“国民”〔3〕的观念取代“族民”的观念。梁启超接受了伯伦知理的

---

〔1〕 康有为：《答南北美洲诸华商论中国只可行立宪不能行革命书》，《康有为全集》第六集，第329页。

〔2〕 同上书，第328页。

〔3〕 1899年梁启超作《论近世国民竞争之大势及中国之前途》一文，即从民与国之间的依存关系来使用国民概念，从而使“国民”有了新的现代政治学上的含义。

国家学说，并结合日本人对于 citizen 一词由“公民”向“国民”的转换，从而来理解“国民”与“族民”或种族之间的不同：“所谓‘国民’者，与‘族民’或‘民族’（nation）在概念上颇有分殊，盖后者系一文化、历史与社会之范畴，依靠血统、语言、信仰、风俗习惯等‘根基性的联结纽带（primordial ties）’相维系；而前者则为一政治概念，乃构成国家的实体与主体，其得以形成，必赖一有意识的政治作为，诸如新国之宣告成立。”[1]这个问题域的转换十分重要，即可以发展为讨论未来的“国民”应包含哪些人。对此，章太炎要到1906 年前后才进行系统的讨论。其在 1903 年的《驳康有为论革命书》中，主要强调的是驱逐满族的种族革命，对于境内其他民族的问题，并没有仔细考虑。在民族和国家凝聚力的问题上，章与康的看法迥异。章太炎认为正是因为满族长期排斥汉族，养尊处优，适成为其自我毁灭的祸根。而统治者的无能恰好是中国失去凝聚力、缺乏抵抗力的元凶，因此，非逐满无以成新国，要建立富强的国家，首先要驱逐满族人。

章太炎的思想整体上是种族主义还是民族主义，

---

〔1〕 张佛泉：《梁启超国家观念的形成》，第 18—19 页。

这在目前的学术界有很大的争议[1]，但是，如果从不同阶段的思想特征而言，章太炎在1903年前后激烈的种族主义思想是十分明显的。他自己在1906年前后对这种种族主义立场进行了解释。有人如是问道：晚清民族矛盾的核心应该是外敌，确切地说是西方的殖民侵略，而满族已经积弱，所以，“反对强种可也，何取以排满为帜耶?”章太炎的回答是：“人之思想无方，而行事则惟取其切近，如余所念，虽无政府主义犹非最为高尚也。高尚者，在并人类众生而尽绝之，则思想之轮廓在是矣。然举其切近可行者，犹不得不退就民族主义。民族主义非遍为人群说法，顾专为汉人说法耳。夫排满即排强种矣，排清主即排王权矣。”[2]章太炎一方面指出，排满乃是当时最为合宜的策略，因此主义之高尚与否并不是政治行动的唯一指南。似乎间接地承认种族革命具有策略意义而非“政治正确”。

沿着这个思路，章太炎毫不避讳地说，他之提倡

---

〔1〕 汪荣祖认为，章太炎之排满乃出于政治目的的宣传策略，并非是一种信念，因此，不能将章太炎归人“种族主义者”（racist）。见《章太炎对现代性的迎拒与文化多元思想的表述》，载氏著：《学人丛说》，第137页。中华书局，2008年。

〔2〕 章太炎：《复仇是非论》，《章太炎全集》（四），第274页。

民族主义主要是关切汉人的利益，而非考究所有人的利益，因此他的思想是从汉人的立场出发的。他对康有为的普遍主义提出了尖锐的批评。在《学隐》篇中，他指出清中期以来公羊学的发展，以大同为理想而模糊民族边界的做法无异于“汉奸”：

> 刘逢禄以《公羊传》佞谀满洲，大同之说兴，而汉虏无畔界。延及康有为，以孔子为巫师。诸此咎戾，皆汉学尸之。要之，造端吴学，而常州为加厉。魏源深诋汉学无用。其所谓汉学者，戴、程、段、王未尝尸其名。而魏源更与常州汉学同流，妖以诬民，夸以媚虏，大者为汉奸、剧盗，小者以食客容与私门。[1]

章太炎与康有为对于满汉关系的另一个争论点在于满族统治之下满汉是否平等，汉人在清朝时期是否满族人的奴隶。

康有为在《不能行革命书》中认为，清朝在价值观上接受了儒家的观念，即已经“汉化”了，只是在服装和发辫上以满洲为准，这个做法被康称之为“化汉”。

---

〔1〕 傅杰编校：《章太炎学术史论集》，第 348 页。中国社会科学出版社，1997 年。

“国朝入关二百余年，合为一国，团为一体。……所谓满、汉者，不过如土籍、客籍，籍贯之异耳。其教化文义，皆从周公、孔子；其礼乐典章，皆用汉、唐、宋、明，与元时不用中国之教化文字迥异。盖化为一国，无复有几微之别久矣。若衣服辫发，则汉人化而同之，虽复改为宋、明之服，反觉其不安。”〔1〕

同时康有为认为，清朝的制度安排和统治方式继承的是唐宋旧制，并非满洲的“特制”。而且清朝还废除了明朝的一系列苛政，并推行纳丁于地的一条鞭法，这样的制度使得造成人们妻离子散的徭役被永久废除，称得上是“古今最仁之政”。〔2〕因此革命党对于清朝统治的批评，也不应上升至种族差异，如果承认传统政治之不善，那也罪不在清朝。

基于此，康有为认为满族对于汉族的统治并不能称之为奴隶式的殖民统治，这与英国统治印度和俄国统治波兰不同，也与元朝对于汉族的统治不同，因为那些统治有一个共同点，就是被统治者并无平等之政

〔1〕 康有为：《答南北美洲诸华商论中国只可行立宪不能行革命书》，《康有为全集》第六集，第327页。

〔2〕 同上。

治权利。至于大家所习见的“奴才”的称呼，只通行于满族和蒙族人中间，汉人则与宗室并称“臣”。

康有为进一步认为，汉族人在清朝并没有受到歧视，汉人有才者，也可以为宰相，而在晚清，实际的政治控制权已经在汉族人手中。康甚至认为满汉并设，是有利于汉人的做法。“然当时分设满、汉者，已自有故。乾隆时，舒赫德曾请删除满、汉，谓开国时圣祖本欲删除，后恐满大臣权大，至使汉人无官，有若元时，故特分满、汉之缺。然则所以分之之故，盖专为汉人计也。”〔1〕只是对于八旗之设，康有为并没有为之辩护，而是指出一直以来就有人提出改变的方案，以除其弊端，比如让八旗子弟改业农工商贾，自谋生计，或是采取屯田的办法，总之，如果光绪帝复辟的话，一定会“妥筹良法安置而改之”。〔2〕

对于康有为的上述言论，章太炎指出，汉人所行满族之规则，并非出于自愿，而是强迫的结果，结果并不能取代“是非”。满族人接受儒家之教化完全只是“愚民之计”。

---

〔1〕 同上书，第328页。
〔2〕 同上。

章太炎认为汉人在满族统治的几百年内一直没有实质性的平等，即使是晚近的曾国藩、左宗棠等，虽然掌握了一定的权力，也只是供满族统治者驱使而已，正好说明汉族人是满族人的奴隶。“夫所谓奴隶者，岂徒以形式言邪？曾左诸将，倚畀虽重，位在藩镇，蕞尔弹丸，未参内政。且福康安一破台湾，而遂有贝子郡王之赏；曾、左反噬洪氏，挈大圭九鼎以付满洲，爵不过通侯，位不过虚名之内阁；曾氏在日，犹必谄事官文，始得保全首领。较其轻重，计其利害，岂可同日而道？近世军机首领，必在宗藩。夫大君无为，而百度自治；为首领者，亦以众员供其策使，彼恭醇二邸之仰成，而沈、李、翁、孙之有事，乃适见此为奴隶，而彼为主人也。阶位虽高，犹之阉官仆竖而赐爵仪同者，彼固仰承风旨云尔，曷能独行其意也哉？”[1]所以在章太炎看来，康有为百般为满族统治者辩护，是要让满族统治永远延续，而使汉族人永为奴隶。

康有为一直以保皇为职志，所以在他笔下，光绪皇帝是一个英明勇武之君主，甚至认为光绪那种“公

---

〔1〕 章太炎：《驳康有为论革命书》，《章太炎选集》，第165页。

天下而无少私，视天位如敝屣”[1]的境界，不仅欧洲各国所未有，而且也是中国数千年所未闻。在他看来，晚清的政治失败完全在于慈禧和荣禄，是他们割地丧权、推翻新政、串通义和团，造成了中国的失败。因此，汤、武革命，是要杀无道之桀纣，而不是有道且试图改革的光绪，因此，合理的做法应该是“勤王讨贼”，也就是救出皇帝而讨伐慈禧、荣禄。

不过在章太炎看来，光绪皇帝连自己的权力都难以施展，怎能担得勇武之名。光绪即使想推行新政，其目的也并非真为了立宪，而只是为了维护自己的统治权力而已。相信满洲贵族是为国家利益着想，就好比想象大海之水变成酒，是彻底的幻想。康有为之所以依然相信光绪，完全是为了自己的私人前途，即希望在这个机缘中获得机会，且从此成为“彼固终日屈心忍志以处奴隶之地者尔”。[2]

---

〔1〕 康有为：《答南北美洲诸华商论中国只可行立宪不能行革命书》，《康有为全集》第六集，第315页。

〔2〕 章太炎说：“载湉小丑，未辨菽麦，铤而走险，固不为满洲全部计。长素乘之，投间抵隙，其言获用，故戊戌百日之政，足以书于盘盂，勒于钟鼎，其迹则公，而其心则只以保吾权位也。”章太炎：《驳康有为论革命书》，《章太炎选集》，第168页。

（三）改良或革命：经今古文的立场差异和康、章对社会变革模式的选择

很多人将康、章之间政治立场的差异，归结为他们经学立场的不同，这种论点有一定的道理，但其中有许多问题值得关注。康有为和章太炎早期的经学立场很复杂，所以，也有学者认为不能简单地以经今古文的对立来一概论之。[1]

章太炎早期经学立场有一定的复杂性。按章太炎自己的说法，他是在1891年开始确立其古文经学的立场的，这一年恰好康有为《新学伪经考》出版，他也写了一些驳论来批评该书。不过此时其古文家的立场并非如此坚定。其一，这个阶段章太炎一度认同康有为的变法思想，所以，在告别诂经精舍而去梁启超主持的《时务报》任职期间，章太炎的政治主张是“以革政挽革命”，而采用的论证方式，纯然是今文经学

---

〔1〕汪荣祖说：“今古文经学岂能作为变法与革命思潮的分野？严夷夏之防的春秋大义，恰恰是今文经学的发明。何以主今文经的康有为不排满革命呢？……惟独主古文经的章炳麟要大力排满呢？所以，纯从经学的师承来说明政治动向，是讲不通的。长素倡导变法维新，非全赖今文经学；太炎宣讲种族革命，更非寄托于古文经学。传统的经今古文门户之争原不能涵容康、章两氏的政治思想。”见汪荣祖：《康章合论》，第17页。新星出版社，2005年。

式的。[1]其二，即使在章太炎抛弃了公羊家的言说框架，以《左传》的“信史”地位来反击今文家的理论和政治主张的时候，也常常被论敌康有为所束缚，导致他用以反对今文学家的理路却来自于今文学，故而陷入自相矛盾的困境。[2]

也有论者提出，早期章太炎古今混杂的矛盾是基于他在没有真正建立起经学立场前的今古文“调和”，而他的调和方式，是通过《荀子》来以古文经融摄今文经的一些基本观念。[3]当然，章太炎也有自始至终坚决反对康有为的地方，即康有为建立孔教而自为教主的想法，这甚至导致章太炎与康门弟子之间产生肢体冲突，并最终离开《时务报》。

---

〔1〕章太炎在1897年《时务报》第十九册中发表《论学会打有益于黄人亟宜保护》一文说：“是故整齐风俗，范围不过，若是曰大一统；益损政令，九变复贯，若是曰通三统。通三统者，虽殊方异俗，苟有长技则取之。虽然，凡所以取其长技，以为我爪牙干城之用者，将以卫吾一统之教也。……然则如之何而可？曰：以教卫民，以民卫国，使自为守而已。变郊号，柴社稷，谓之革命；礼秀民，聚俊才，谓之革政。今之亟务，曰：以革政挽革命。”文中所用的“大一统”、“通三统”均为公羊家言。

〔2〕王汎森：《章太炎的思想》，第47页。上海人民出版社，2012年。

〔3〕刘巍：《从援今文义说古文经到铸古文经学为史学——对章太炎早期经学思想发展轨迹的探讨》，《近代史研究》2004年第3期，第61—100页。

有学者通过对《訄书》初刻本的研究认为，章太炎在这个时期的经学观念依然深受康有为的影响，而要到1904年《訄书》重订本的出版，“《訄书》的修订反映了章氏经学观念上的激变，他将古文经学改造为史学的基本倾向大体奠定，与康有为分道扬镳的独立的新古文经学基本观念也做了初步的规划。”〔1〕而这个时间，已然是他写完《驳康有为论革命书》之后了。

康有为的经学立场同样复杂。如果说他在1890年代刊行的《新学伪经考》和《孔子改制考》主要是发挥公羊学的“托古改制”思想，那么1898年之后的流亡时期，则成就了他经学思想的另一个高峰。这个时期的著作包括《中庸注》、《孟子微》、《礼运注》、《春秋笔削大义微言考》（1901年），《论语注》（1902年），《大同书》（1902年前后），这些著作的重点在于阐发孔子的三世之义。〔2〕甚或可以说，当康有为因为

〔1〕 刘巍：《从援今文义说古文经到铸古文经学为史学——对章太炎早期经学思想发展轨迹的探讨》，《近代史研究》2004年第3期，第80页。

〔2〕 康有为在《大学注》序中说，《论语》和《礼记》都是孔门弟子记述孔子之微言大义的著作。而朱子将《大学》和《中庸》也“诚为精要”，“惟朱子未明孔子三世之义，则于孔子太平之道，暗而未明，郁而不发”。见《康有为全集》第六集，第355页。

流亡而了解到世界各国的真实情形之后，作为他改革的理论基础的三世说，需要解释的就不仅仅是中国由据乱向升平迈进的问题，而是要解释处于不同发展阶段的世界各国所处的“世”。

公羊三世说所要面临的挑战包括：其一，三世说原先所面对的解释范畴是中国和四夷的格局，然而，民族国家体系使我们认识到世界不再是“中心—边缘”结构，而是万国竞逐的态势。当中国成为万国之一的时候，中国的地位发生了根本性的变化；其二，在以中国为中心的世界格局中，中华是文明的代名词，然而，当中国面对社会发展程度更高的西方国家的时候，文明和野蛮的参照系统发生了根本性的变化；其三，当中国被认定为较西方“野蛮”，却较非洲或其他地区“文明”的时候，中国应采取什么样的发展策略；其四，在三世说的框架中，如何处理改良与革命、立宪与共和，以及中国与世界的关系；其五，如何在这样的大思路下理解中国和满洲的关系。这些问题，构成了康有为这个时期经学观的核心关怀。

康有为对于这些问题的思考需要专文来阐述，我们这里关心的是他的公羊三世说在他后戊戌时期的社会变革方案中，起到什么样的作用，其经学立场与他一直坚持改良反对革命的政治方案的关系是什么。

从某种意义上说，康有为的历史观是公羊三世和进化论的综合体，或者说，三世说与进化论的结合，是康有为试图解决中国社会如何接纳西方制度的一个重要的理论突破。当他将不同的社会制度安置在三个不同的“世”的时候，制度的变革有了一种必然性，同样，任何超越这个阶段的制度设计便因为躐等而失去了正当性支持。这样的历史观是如此的牢固，以至于这些在戊戌前推动变法的动力，转变为他戊戌后反对革命的理据。

在戊戌后的流亡期间，康有为重新对公羊三世说进行反思，在写于 1901 年的《春秋笔削大义微言考》一书中，其重要的理论突破是如何在更为宏阔的世界中安顿“三世说”。

在写于 1901 年 8 月 7 日的《春秋笔削大义微言考序》中，康有为对孔子思想作了全新的阐述：“孔子之道，其本在仁，其理在公，其法在平，其制在文，其体在各明名分，其用在与时进化。夫主乎太平，则人人有自立之权；主乎文明，则事事去野蛮之陋；主乎公，则人人有大同之乐；主乎仁，则物物有所得之安；主乎各明权限，则人人不相侵；主乎与时进化则变通尽利，故其科指所明，在张三世，其三世所立，身行乎据乱，故条理较多，而心写乎太平，乃意思所注。虽权实异法，实因时推迁，故曰孔子圣之时者也。”[1]在这个解释中，公平、自主、权利等现代宪政观念，都被纳入到孔子的思想之中。

在一个新的时空中，三世由原来的历时态，转变为一种共时态与历时态共存的状况，不同的国家要根据自己的客观条件做出制度变革，比如土耳其、印度等则等待进入升平世，而美国，则要准备进入太平世。“每变一世，则愈进于仁；仁必去其抑压之力，令人人自立而平等，故曰升平。至太平，则人人平等，人人自立，远近大小若一，仁之至也。此如土耳其、波斯、印度，则日教以西欧之法度，渐去其生民之压力，而升之于平。而美国之文明，已至升平者，亦当日求进化，乃能至太平也。”[2]

这样的理论设计最终是要解决中国的新定位问题。康有为认为，中国要由长期所采用的据乱之法上升到升平法中。“我国从前尚守孔子据乱之法，为据乱之

---

〔1〕 康有为:《春秋笔削大义微言考序》,《康有为全集》第六集，第3页。
〔2〕 康有为:《春秋笔削大义微言考》,《康有为全集》第六集，第17页。

世，然守旧太久，积久生弊，积压既甚，民困极矣。今当进至升平，君与臣不隔绝而渐平，贵与贱不隔绝而渐平，男与女不压抑而渐平，良与奴不分别而渐平，人人求自主而渐平，人人求自立而渐平，人人求自由而渐平。其他一切进化之法，以求进此世运者，皆今日所当有事也。此董子所谓‘以奉仁人’。虽以据乱之法不同，乃正以救其弊，子思所谓‘并行而不悖’。若守旧法，泥古昔，以为孔子之道尽据乱而止，是逆天虐民，而实悖乎孔子者也。《春秋》三世之法，与《礼运》小康、大同之义同，真孔子学之骨髓也。”〔1〕在康有为看来，只是因为刘歆等人伪造古文经典，导致公羊学有书无师，否则，中国在魏晋时期，就已经可以进入升平世，而到现在则可能已经是太平世了。〔2〕

这样的观点在《论语注》和《孟子微》中也得到了阐发，所以尽管在《答南北美洲诸华商论中国只可行立宪不能行革命书》中，康有为对三世说的表述比较简略，但也对自己既为倡言民权的第一人，却主张

---

〔1〕 康有为:《春秋笔削大义微言考》,《康有为全集》第六集，第17—18页。

〔2〕 同上书，第18页。

君主立宪的原因做了说明。

康有为的解释是“时”。他认为以当时中国人心未化之状态，不应妄想立刻出现一个华盛顿。孔子因此并未倡导大同之天下，西方也没有立刻推行大同的方法。他说：“今革命民主之方，适与中国时地未宜，可为理想之空言，不能为施行之实事也。不然，中国之人，创言民权者仆也，创言公理者仆也，创言大同者仆也，创言平等者仆也；然皆仆讲学著书之时，预立至仁之理，以待后世之行耳，非谓今日即可全行也。”[1]康有为举例说，他虽然主张天下大同，但是在这个列强交争的时代，他必然会先爱自己的国家，这符合据乱世要先内其国外诸夏的原则。同样，虽然主张天下为公，但在这个家族主义的时代，必然要先爱护自己的家人，而不会先去关心路人。“仆生平言民权、言公议、言国为民公共之产，而君为民所请代理之人，而不愿意革命民主之事，以时地相反，妄易之则生大害，故孔子所以有三世三统之异也。”[2]在康有为看来，中国

---

〔1〕 康有为：《答南北美洲诸华商论中国只可行立宪不能行革命书》，《康有为全集》第六集，第321页。

〔2〕 同上。

既然是由据乱到升平，那么所应采用的自然只有君主立宪，绝对不能以革命的方式走向共和。

从他们复杂的经学立场来看，虽然各有其据，但他们在论争中也经常经界混用。

从章太炎方面来说，他反对今文之义例，然而在《驳康有为论革命书》中却是借力打力，经常借康有为自己的立论来批驳。

其一，驳斥康有为的天命说。康有为反对社会上普遍流行的清朝天命已绝的说法，认为光绪历经患难而复出的经历，均是天命。“今皇上虽尚无权，然数年以来，经历万劫，履险如夷，至今无恙；溥儁立而复见废，旧党乱而几尽亡，不可谓非天命矣。始则囚于瀛台，郊庙、朝觐皆不得预；今则复能郊庙、朝觐，比之向者，已有进矣。凡此弑而未成，幽而复出者，皆天命也。”[1]康甚至计算起慈禧与光绪的年龄差异，说光绪才三十而慈禧、荣禄已经六十，因此必将能迎来属于光绪复辟的时代。

而章太炎认为，康有为拿出天命说来为光绪甚至清

---

〔1〕 康有为：《答南北美洲诸华商论中国只可行立宪不能行革命书》，《康有为全集》第六集，第315页。

王朝的命运背书，就如王莽曾经说过的“天生德于予，汉兵其如予何?”事实是王莽终被绿林军所杀的现代版本。章太炎之所以用王莽来比拟康有为，是因为康有为将古文经视为刘歆为王莽篡权而做的“伪经”，如此，将康与王莽进行比附可谓是以其人之道还治其人之身。

章太炎说王莽喜欢借用纬书和图录来为自己的政治活动张目，但是过于繁琐，不如用《中庸》，因为《中庸》以“天命”为始，以“上天之载，无声无臭”终，而光绪的名字是“载湉”，恰好带有“载”，因此昭示着努尔哈赤皇朝命运的终止，共288年。他说:“往时魏源、宋翔凤辈，皆尝附之三统三世，谓可以前知未来。虽长素亦或竺信者也。”[1]这里便是借公羊家之三世说来预示清朝的灭亡。

其二，以三世说与民族平等观念指出康有为的内在矛盾。康有为说:“夫以太平之理、大同之道言之，无论黄、白、棕、黑之种，同为天生，皆为兄弟，并宜亲爱之。今虽未能，然而大地既通，万国合较，凡蒙古、回部、西藏之人，言语未通，教化未同，犹当在内其国之例。……何况满人之合为一朝，同化中国，

---

〔1〕 章太炎:《驳康有为论革命书》,《章太炎选集》，第174页。

教化、礼乐、言语、服食无一不同者乎？故满洲在明时则为春秋之楚，在今则为汉高之楚，纯为中国矣。或者动引扬州十日之记、两主入粤之事，皆当时之涂毒，若思复九世之仇者，此盖古时文明未开，敌国相攻之常。”[1]这些说法显然与时未宜[2]，康有为认为对于境内的少数民族，应该采用公羊学中“内其国”的策略来融摄，而至于公羊学中的复仇观念，则是文明未开时的主张，不应适用于当下。

章太炎认为，据乱世和升平世依然处于民族主义时代，在这个时代宣传满汉一家的民族融合论，是自悖其三世说的。“长素固言大同公理非今日即可全行。然则今日固为民族主义之时代，而可混淆满、汉以同熏莸于一器哉！时方据乱而言太平，何自悖其三世之

〔1〕 康有为:《答南北美洲诸华商论中国只可行立宪不能行革命书》,《康有为全集》第六集，第329页。

〔2〕 总体而言，晚清的公羊学者对于夷夏问题的讨论颇有可观者。就处理民族关系而言，一般主张以文明与野蛮来解释夷夏，而反对以种族来区分。因此与传统公羊学的尊王攘夷的理路有所差别。皮锡瑞在解释“异内外”的条目时，虽然说明公羊有攘夷和不攘夷两种说法，但是认为:“《春秋》立义之精，皆以今之所谓文明野蛮，为褒贬予夺之义，后人不明此旨，徒严种族之辨，于是同异竞争之祸烈矣。盖托于《春秋》义，而实与《春秋》义不甚合也。”见皮锡瑞著、周春健校注《经学通论》，第373页。华夏出版社，2011年。

说也?”[1]在章太炎看来，既然当下非大同之世，那么，康提倡大同时代才有可能的种族平等即属于躐等。

章太炎还指责康有为虽然笃信公羊学，但对公羊学之复仇说却持异议。“向之崇拜《公羊》、诵法《繁露》，以为一字一句皆神圣不可侵犯者，今则并其所谓复九世之仇而亦议之。”[2]章太炎认为，如果康真是一个公羊学家，就应该主张向满族复仇。

很显然，康有为试图用公羊义理来解释当时的现实已经有些捉襟见肘，所以他也经常引用现实的例子来证明激进革命的危害，他最喜欢的例证即是法国大革命所造成的长时间动乱。

康有为反对革命最关键的理由是革命所导致的暴力，以及暴力并不能达成挽救民族危机的目的：“夫革命非一国之吉祥善事也。……夫今志士仁人之发愤舍身

---

〔1〕 章太炎:《驳康有为论革命书》,《章太炎选集》，第 160 页。

〔2〕 章太炎:《驳康有为论革命书》,《章太炎选集》，第 162 页。章太炎曾著《复仇是非论》，专门讨论种族复仇的正义性。他认为，复仇是对法律所不能覆盖的领域的一种正义补救。而民族和国家之间的事务，因为没有法律来衡量，所以，复仇并非一种野蛮的行为，“至一种族所建之国家，为他种族攘夺而有之，则本无法律处乎其上，于此犹以复仇为戾，是明伸能害者以抑受害者也。”(《复仇是非论》,《章太炎全集》 四，第 271 页。上海人民出版社，1985 年)

命而倡大变者，其初岂非为救国民哉？乃必自杀数万万人，去中国人类之半而救之，孟子言杀一不辜而得天下不为，况于屠戮同种数万万人哉？且杀子而救其孙，既不为智，况并孙而不能救，终于相持而赠他人。试问中国同胞何仇于彼，而造此无量之苦海恶孽乎？”[1]

因此，康有为设想了一种社会发展的路线图，他认为无君和均产的社会属于未来理想社会，“欧洲须由立宪君主，乃可渐致立宪民主；中国则由君主专制，必须历立宪君主，乃可至革命民主也。”[2]

康有为之所以反对革命，原因还在于用革命的手段，并不能改变人的特性。“谈革命者，又谓中国积弊既深，习俗既久，静性既甚，守旧实深，虽皇上复辟，亦难大变之；非大震雷霆，大鼓风雨，以洗荡扫除其旧人旧性，如法之大举革命然，必不能真变也。”[3]基于人好动难静的特性，而鼓励变乱和革命，必然会采取大火猛药治病的方法。康有为喜欢用英国和法国的例子来比较革命和改良的优劣。他说，英国看到了

---

〔1〕 康有为:《答南北美洲诸华商论中国只可行立宪不能行革命书》，《康有为全集》第六集，第316—317页。

〔2〕 同上书，第325页。

〔3〕 同上。

法国大革命所造成的社会混乱和生灵涂炭的后果，所以“宁迟迟变法，而力戒革命民主之说，果得渐进之益”。[1]而最值得赞赏的则是德国用“专制之权以变法，乃今最适时之灵药、曾效之验方，吾亲服之而致效。今德国骤强，亦天下所共见也。亦愿抄此验方，与诸君共服之”。[2]

康有为认为欧洲十六国除了法国实行革命和俄国继续专制之外，其余的国家都是经历渐进式的改革而使人民得以自主。唯独飘扬革命旗帜的法国，其宪法最不完善。

当然康有为伸张王权还有一个重要的考虑，即反对革命派的自立主张，他并有一封信[3]致梁启超和其他康门弟子，专门讨论印度自立而导致被英国吞没的教训。他认为在中国面临强敌的情势下，唯统一而成一大国，才有可能抵抗外敌，否则力量分散，更有可能被各国所灭。“今真能自立，则必各省相争；即令不争，而十八省分为十八国。……则国势不过为埃及、

---

〔1〕 同上书，第326页。

〔2〕 同上书，第320—321页。

〔3〕 康有为：《与同学诸子梁启超等论印度亡国由于各省自立书》，《康有为全集》第六集，第334—349页。

高丽而已，更受大国之控制奴隶而已，如印度之各省独立而授之外人而已。……夫今地球竞争，为何时乎？自吾身所见，弱小之邦，岁月被灭，不可胜数。”[1]反之，德国和意大利因将国内各小国合而为大国，所以一跃而成为欧洲之强国。“普国独伸王权，开尊王会，卒能合日耳曼二十五邦而挫法，合为德国，称霸大地。嘉富洱乃力倡民权者，而必立萨谛尼为共主，备力设法，而合十一邦为意国，故能列为欧洲之强国。使二子者但言革命民主，则日尔曼、罗马纷乱数十年，必永为法、奥、俄所分割隶属而已，岂能为强霸之国哉！”[2]这或许是康有为经历流亡生涯并有在印度的直接经验而得出的结论。

对于康有为主张立宪、反对革命的论说，章太炎的反驳主要集中于三点：

一是革命和立宪都必然要经历暴力的阶段。章太炎认为暴力阶段不能避免，任何社会变革必然要经过漫长的斗争才可获得，并不能指望满洲政府自动放弃

---

〔1〕 康有为：《答南北美洲诸华商论中国只可行立宪不能行革命书》，《康有为全集》第六集，第323页。

〔2〕 同上书，第324页。

他们的利益。“长素以为‘革命之惨，流血成河，死人如麻，而其事卒不可就’。然则立宪可不以兵刃得之耶？既知英、奥、德、意诸国，数经民变，始得自由议政之权。民变者，其徒以口舌变乎？抑将以长戟劲弩飞丸发旝变也？近观日本立宪之始，虽徒以口舌成之，而攘夷覆幕之师，在其前矣。使前日无此血战，则后之立宪亦不能成。故知流血成河，死人如麻，为立宪所无可幸免者。”〔1〕章太炎亦以世界各国的历史特别是日本的历史为例来论证暴力的合理性。

章太炎进而认为，康有为所主张的由君主主导的立宪并非真正意义上的立宪，而依然是专制。因为立宪要依赖于民权而非君权，那种祈求君主发仁心来立宪是于理不通而且可笑的。“则固君权专制也，非立宪也。阔普通武之请立宪，天下尽笑其愚，岂有立宪而可上书奏请者？立宪可请，则革命亦可请乎？以一人之诏旨立宪，宪其所宪，非大地万国所谓宪也。”〔2〕所谓革命，就是推翻阻碍变革的人，而不是去请求其同意。

二是民智要待革命来开启。康有为认为革命者必

〔1〕 章太炎：《驳康有为论革命书》，《章太炎选集》，第172页。

〔2〕 同上书，第172—173页。

须“智术绝伦”、“久拥兵权”[1]。章太炎认为这一要求不可理解。在章看来，立宪相比于革命要更难，因为立宪所依赖的因素更多：立宪“自上言之，则不独专恃一人之才略，而兼恃万姓之合意；自下言之，而不独恃万姓之合意，而兼恃一人之才略。人我相待，所倚赖者为多。而革命则既有其合意矣，所不敢证明者，其才略耳”。[2]立宪所需要的是上下合意，而对革命来说，在民意倾向已经明显的情形下，革命者需要做的就是验证自己的革命勇气。“长素以为‘中国今日之人心，公理未明，旧俗俱在，革命以后，必将日寻干戈，偷生不暇，何能变法救民，整顿内治！’夫公理未明、旧俗俱在之民，不可革命，而独可立宪，此又何也？岂有立宪之世，一人独圣于上，而天下皆生番野蛮者哉？虽然，以此讥长素，则为反唇相稽，校轸无已。吾曰不可立宪，长素犹曰不可革命也。则应之曰：人心之智慧，自竞争而后发生，今日之民智，不必恃他事以开之，而但恃革命以开之。”[3]革命是

〔1〕 康有为：《答南北美洲诸华商论中国只可行立宪不能行革命书》，《康有为全集》第六集，第319页。

〔2〕 章太炎：《驳康有为论革命书》，《章太炎选集》，第176页。

〔3〕 同上书，第176—177页。

扫除旧俗、启发公理的良药。“然则公理之未明，即以革命明之；旧俗之俱在，即以革命去之。革命非天雄大黄之猛剂，而实补泻兼备之良药矣！”[1]

革命者之才略非天生，必须通过革命活动逐渐培养。章太炎说，拿破仑和华盛顿不是一开始就被认定有雄才大略，而光绪皇帝的无能则已经事实证明，所以革命才是唯一的选择。

章太炎进一步将革命的合理性诉诸民意。他说，从太平天国起义和义和团运动来看，清朝已经失去了广大人民的支持，甚至可以说从来就没有获得汉族人的支持，因此，清朝就应该是革命的对象。而为了革命目标的实现，即使借助外力甚至割据自立都是可以被接受的，因为一部分人的自由总比所有人均遭受奴役要好一些。

三是君主立宪的实际可能性问题。康有为依赖皇权所推行的君主立宪政治，在章太炎看来并不具有可操作性。康有为自从戊戌变法前，就开始考虑议会性质的组织。但是，囿于他自己对于议会制度的认识，虽然也提出了“公举”、“征辟”等措施，但对如何处理满清贵族在未来立宪组织中的位置，并未有切实的

---

〔1〕 同上书，第178页。

设计。章太炎认为议院中的议员，如果多是满洲贵族，实际会导致汉人在议会政治中不可能获得发言权，君主立宪依然会是有君主而无立宪。

章太炎的《驳康有为论革命书》经由《苏报》案的发酵，事实上造成了革命派在理论和实践上的巨大发展，而康有为的保守方案却难以继续成为人们的选择。历史已经完成了从改良到革命的主题转换。

余论：革命仍未完成

1903年《苏报》曾刊出《康有为》一文，对当时流传的清政府召回康有为的流言进行评论，认为清政府召回康有为可能有两种思路：一是利用康有为的感恩心态来抵制革命的风潮；二是诱使康有为回国进行诛杀，从而抵御受康有为影响的余孽。文章的最终结论是，康有为虽然开维新之幕，功不可没，但从当时的情况看，康有为对于中国之前途已经不再能发挥影响。因为，“戊戌之保皇，不能行于庚子之勤王；庚子之勤王，不能行于今后之革命。革命之宣告，殆已为全国之所公认，如铁案之不可移。而康有为偏奋其胡汉一家之辩，作天王圣明之谈，自负其开幕之功，欲强制后生之动。呜呼，独不念今日之新社会，已少康有为立锥之地，必欲悍然不顾，抗如荼如火万颗之头颅，而崇奉无色无光一家之剑玺，吾诚不解其何心！倘满清政府不体谅其苦心，不以为德，而以为仇，诳而屠之，则康有为摇尾于宰夫之前，殊不值通人一笑。若政府真援而用之，而康有为之或有所改革，以增进社会之幸福，亦未可知。而天下大事之所趋，其必经过一趟之革命，殆为中国前途万无可逃之例。”〔1〕文章说，如果康有为想成为革命的“反动力”的话，那么革命党就有可能通过暗杀这样的手段，置之于死地。这或许算是一种具有暴力倾向的论战手法。

的确，康有为的思路在晚清和民国初年一直被视为落后于整个时代，进而我们迎来了以“革命”为口号的 20 世纪，无论是国民党，还是中国共产党，一直以革命作为自己党派的特色，并互相指责对方对于孙中山革命路线的背离。但到了 20 世纪的下半叶，不论在实际的政治策略中，还是在理论思考中，国民党和中国共产党事实上都放弃了“革命”的口号，而李泽厚和

---

〔1〕《苏报》论说栏:《康有为》,《章士钊全集》第一卷，第 359—360 页。文汇出版社，2000 年。

刘再复则直接宣称要“告别革命”。告别革命当然并不意味着对于康有为路径的回复，但是，从民族国家的建构出发，满汉一体的国民意识和单一民族的国家目标，至今依然是中国处理现代国家建构的未尽事宜。

其次，民族国家的建构同时也是现代政治理念比如公平、正义、民主等落实到具体的政治实践的过程。因此，什么样的变革才能算得上是革命呢？传统儒家的革命是“应乎天而顺乎民”，但事实上发生的革命都变成了改朝换代，而使革命沦为一种“暴力变迁”。阿伦特认为应该辨别革命和暴力变迁之间的区别，虽然它们看上去有很多接近的地方。“只有发生了新开端意义上的变迁，并且暴力被用来构建一种全然不同的政府行使形式，缔造一个全新的政治体，从压迫中解放以构建自由为起码目标，那才称得上是革命。”[1]

值得反思的是，无论是国民党的革命理念还是共产党的国家建设，直至告别革命的时期，才开始进行真正意义上的民主的落实和法制的建设，如果从这个意义上说，孙中山的遗训依然值得深思，“革命尚未成功，同志仍需努力”。对此，章太炎自己的陈述或许

〔1〕 阿伦特：《论革命》，第23页。译林出版社，2007年。

更符合实际。他其实并不同意“革命”说，而主“光复”。“抑吾闻之，同族相代，谓之革命；异族攘窃，谓之灭亡；改制同族，谓之革命；驱逐异族，谓之光复。今中国既灭亡于逆胡，所当谋者，光复也，非革命云尔。”[1]这就是说，章对康所做的驳论是在“光复”的意义上，而非“革命”。光复只是一个政权的回归，革命则是制度的变革。

章太炎基于“光复”的种族革命论说在《民报》时期依然影响广泛。然而他的思考并没有停留于此。事实上，他也与孙中山等渐行渐远，因为，他开始反思宪政制度和现代国家本身的问题，也就是说，他与孙中山等所追求的革命目标产生了分歧。他不仅通过对“代议”制等的分析，展开了对于西方宪政制度局限性的认识，而且，他还从国家对于个人自由和权利的制约来解构“富国”目标，这使章太炎的思考具有了超越时代的意义。

如何理解康、章在1903年的争论，以及他们随后在政治哲学和政治实践中的变化，对于我们理解近代中国的发展，具有不可替代的意义。

---

〔1〕 章太炎：序《革命军》，《章太炎选集》，第154页。

如何构造一个新的国家

康有为论地方自治与国家一统

不管是否愿意，清季民初的国人，都不得不承认：彼时的中国正经历着一个前所未有的历史变局，这几乎是晚清时期国人的共识。这个共识的凝聚点，则在于如何看待中国由一个“帝国—王朝”体系向“民族国家”体系转型。然而问题在于，对于一个由多民族所构成的“帝国—王朝”体系来说，当其置身于向民族国家转型的过程中时，其自身就不得不构成一个内在的矛盾：即要成为一个现代国家，那就意味着必须通过整合国家意识来提升国家在国际竞争格局中的实力，这就需要对国家之中的多个民族的种族意识与文化意识进行相对程度的“同质化”处理，近代德国所进行的国族建构便是这一“同质化”处理的例证。但是，不同民族因其民族特性所强调的血缘及历史的差异因素，会使得国族建构在“同质化”过程的同时会造成一种离心化倾向，这将会导致帝国的崩解，奥匈帝国等传统帝国即是例证：在离心化的倾向下，原本的国家被分离为一系列由不同民族所建立的新的国家。

这两个问题在晚清时期都表现得十分明显。一方面，无论是立宪派或革命派，对于国民呈现出“一盘散沙”的现象都表示出极大的忧心，试图通过建立一种“公心”来培育爱国精神；而另一方面，由满汉矛盾而生发出的民族主义精神，当体现于汉族人的“民族身份”时，会导出建立“汉族共和国”的目标，同样，蒙、藏等地所呈现出来的独立倾向也遵循着此逻辑。那么，如何看待这个古老帝国的领土和文化遗产便成为一个复杂的问题。在这一问题上，革命派和立宪派之间存在尖锐的对立。对此，康有为的思路是明确的：首先，希望通过建立孔教的方式来完成建立起国家意识和共同价值之基础；其次，保全帝国的领土和人口遗产，强调必须将一位超越民族的君主作为一个国家的代表，并认为民族凝结而非联邦分离对于提升中国在国际竞争中的能力才是必不可少的；再次，则是要完成政治体制改革。

在康有为的设计中，他要从“地方自治”入手来提升公共行政的能力，进而平衡中央与地方的利益。基于此，康有为对晚清所流行的联邦制、各省独立等国家形态方案提出了批评。在康有为看来，他诸多关注的核心是建立一个强大而独立的现代国家。至于孔教会和君主立宪等内容，需另文讨论，本文主要就康有为对建构大一统现代国家的思路展开论述。

一 “自立”、“革命”与康门分化

在戊戌变法前直至戊戌变法时期，康有为也曾提出过“民权”、“议会”等一系列新的政治理念，甚至试图在旧体制之外，建构以“制度局”为核心的新政体系。但是，这个被康有为称为“全变”的设想，事实上只是一个游离于皇权之外的新政执行机构，最终使得新旧体制在权力和利益等方面发生了尖锐的对立。当戊戌变法被一场宫廷政变所终止，康有为的制度设计被迫搁置，其本人也开始了数年的流亡生涯。

在流亡期间，康有为对《孟子》、《论语》、《中庸》、《礼运》等儒家的重要经典进行注释和阐发，以期能够为他的政治制度设计寻求来自经典的依据。然而，最令康有为焦虑的则是以强烈的民族主义[1]立场为标识的革命派的兴起。作为民族主义的延伸性产物，“各省自立”的主张成为革命派摆脱满清统治的一个策略。在革命派激烈主张的影响下，许多康门弟子开始呈现出倾向革命派的立场，其中甚至包括梁启超和徐勤这样的核心成员。

在1900年《辛丑条约》及义和团事件之后，清朝统治的合法性遭受到空前的危机。虽然清政府也开始进行一些诸如“清末新政”、“仿行宪政”等变革措施，但以“排满”为旗帜的、更为激烈的革命势力却因新学堂和新式传播方式等因素而渐成气候，并日益获得民众的支持。在这个阶段，康门弟子梁启超甚至与孙中山等人开始了密切的交往，梁的立场明显亲近

---

[1] 革命派所采纳的民族主义倾向于由单一民族组成一个国家，因此提出“恢复中华”。而康有为更倾向于“国族主义”，即“在多元民族国家中，由国家灌输的民族主义，必定带有认同各族裔共存一国的含义。这种类型的民族主义偏好以共享宪法所定的权力与原则为号召，并以此作为团结各族裔公民的基础”（见 Montserrat Guibernau 著，周志杰译：《无国家民族与社群》，第15页。台北：韦伯文化出版国际有限公司，2009年）。所以在政治原则上，康有为一直主张君主立宪，原因即在于他希望新的国家要容纳清王朝的土地、人民等这些“遗产”。

于革命派，而其他康门弟子也多有接近革命者，按冯自由等人的描述，甚至出现了十三个弟子联名写信，要求康有为“归隐”的事件。[1]

归隐事件因为并无旁证，亦可看作革命党的“逸史”，但是，康门所发生的分化则证据确凿。最为典型的是欧榘甲（署名太平洋客）1902年在《文兴报》以连载27期的方式，主张“广东自立”。这篇文章的许多观点与当时革命党的主张若合符节，比如提出“中国是中国人的中国”、“满族奴役汉族”等观念。他指出，既然满族人连其发源地东北三省都不能保护，那么何不如各省自己保护自己。欧榘甲甚至提议，两广可以独立为一国，而其他区域比如两湖、云贵等地可以建立“独立国”。在欧榘甲的设计中，广东因其独特的文化和经济实力，应率先行动，其具体方案也

〔1〕 据冯自由的说法，戊戌之后，在日本的孙中山与梁启超准备组建联合组织，共同推进革命活动。梁启超起草了一封致康有为的信，其中说：“国事败坏至此，非庶政公开，改造共和政体，不能挽救危局。今上贤明，举国共悉，将来革命成功之日，倘民心爱戴，亦可举为总统。吾师春秋已高，大可息影林泉，自娱晚景，启超等自当继往开来，以报师恩。”署名的有康门的十三个弟子。康与弟子的分歧是事实，但是否有这样一封信值得怀疑。见冯自由：《革命逸史》上，第213页。新星出版社，2009年。

包括开报馆、设立自立学校等等，并提出应该借助会党和民间武装作为武力上的支持。[1]

欧榘甲倡言革命和广东自立，康有为一怒之下，要将其革出教门。因为此事，徐勤在1902年4月致信康有为，书信大致内容一是替欧榘甲求情，二是进一步向康坦陈革命及各省自立，已是大势之所趋。徐勤认为，驱逐欧榘甲会导致人们认为康门内讧，从而必将影响保皇会之大业，并说，欧虽然有错，“然在此主持报事，使《文兴》日有进步，使会事日有进步，是不为无功。今稍以言语出入之故即见逐，则使人人自危，貌合神离，又何为者？今日各埠之稍聪明者，无一人不言革命，即现在同门同志，同办事之人，亦无一人不如是。即使强制之，口虽不言，而心亦终不以为然也。”[2]

徐勤进一步解释道，康门弟子之言革命与自立，其实与保皇存在内在的关联，且如果不言革命和自立，

---

〔1〕 欧榘甲：《新广东（一名广东人之广东）》，载张枬、王忍之编：《辛亥革命前十年间时论选集》第一卷，上册，第269—311页。生活·读书·新知三联书店，1960年。

〔2〕 《徐勤致康有为（1902年4月后）》，载张荣华编：《康有为往来书信集》，第452—453页。中国人民大学出版社，2012年。

则保皇会几乎无法“下手运动”，“今日西报，皇上又复困瀛台矣，各国袖手，顽固日多……今各埠之人，弟子所到者动问曰：皇上不复位，则如何？则必应之曰，求自立。欲保救皇上，则如之何？则必应之曰：起兵。若云待时听天，则失人心矣。……起兵及自立之说，实与保皇相因而至也。若云起兵不可，自立不可，则人必曰开会何用，又何必筹款乎？”[1]由此可见，不言革命，已难以使保皇会保持对民众的吸引力。

康有为对徐勤的书信很是不以为然，更对徐勤等人从不言革命则无从筹款这样的现实考虑来主张自立和革命很不满，认为这是为“啖饭”而丧失立场。在1902年6月3日致徐勤等人的信中，康的态度可谓痛心疾首：

> 近得孟远决言革命，头痛大作，又虐发□；复得汝书，头痛不可言。汝等迫我死而已。欲立绝汝等又不忍，不绝汝又不可，汝等迫死吾而已。记巳亥汝责远之决绝，且安有身受衣带之人而背义言革者乎！今不三年，汝又从洞若矣。吾始于同门中，以汝为忠毅可倚，今汝若此，吾何望矣！今不能转人，乃致为人所转，吾志自立、义自定，岂关他

[1] 《徐勤致康有为》，《康有为往来书信集》，第452—453页。

人如何耶？……即天下转，吾不转自若也。……所言啖饭尤谬陋，任大事岂为啖饭处耶！……

总之，我改易则吾叛上，吾为背义之人；皇上若生，吾誓不言他。汝改易，则为叛我。汝等背义之人，汝等必欲言此，明知手足断绝，亦无如何，惟有与汝等决绝，分告天下而已。[1]

而在此时，同受责备且与革命派过从甚密的梁启超写给康有为的信则更为意味深长：他首先强调，学生背叛老师并非本意；其次言徐勤和欧榘甲显然比他更为激进；最后却依然是要说明，主张革命乃时势所趋，不得不然：

先生惧破坏，弟子亦未始不惧，然以为破坏终不可得免，愈迟则愈惨，毋宁早耳。且我不言，他人亦言之，岂能禁乎？不惟他人而已，同门中人猖狂言此，有过弟子十倍者，先生殆未见《文兴报》耳。徐、欧在《文兴》所发之论，所记之事，虽弟子视之犹为詟慄，其《论广东宜速筹自立之法》一篇稿凡二十七续，"满贼"、"清贼"之言，盈篇溢纸。檀香山《新中国报》亦然。《新民报》

〔1〕《康有为致徐勤》，《康有为往来书信集》，第454页。

之含蓄亦甚矣。……夫树园、君勉，岂肯背师之人哉，然皆若此，实则受先生救国救民之教，浸之已久，而迫于今日时势，实不得不然也。[1]

桑兵指出，此时，革命风潮已在全国蔓延，康有为也看到自己的弟子们已然对保皇的政治主张产生了怀疑。在这样的根本分歧面前，康有为已经不能以“私了”的方式来处理门内的立场差异，因此，他想把对美洲华侨的信写成公开的“政治宣言”，意图对与革命派立场之差异的关键，比如满汉矛盾、革命还是改良、自立还是统一等问题做出系统的回应，更兼有警示门下的意味，原信中甚至存在如果不同意他的意见，将会被革出康门的言辞：“仆誓奉皇上，有死无二。诸君夙厉忠义，曰有异义者，得无以各报时有非常之论，而误以为出自仆意故耶？仆自逋播海外，与知友门人离群索居，不得讲习讨论久矣，其或激于回銮之后，复辟不闻，贼臣柄政，中国无望，怨愤之余，或生异说，非仆所知。今自由之风既开，求新之说日甚，亦非吾远隔万里所能遑制。惟仆开会保皇，矢死

〔1〕《梁启超致康有为（1902 年 5 月）》，《康有为往来书信集》，第 593 页。

靡他，苟非皇上遭变，必不少改宗旨。其各报有异论者，皆非仆之意。即使出自仆之门人之说，若为保皇立宪以达民权自由之旨与仆同者也，吾徒也；若为革命攻满之说，则与保皇之旨相反，与仆不同者，非吾徒也。即使出自仆门，或已有盛名，亲同患难者，既为异论，即与仆反，诸君切勿以为仆之意也，勿听之也。"[1]有意思的是，此段话在公开发表之时却被删掉了。

康有为的《答南北美洲诸华商论中国只可行立宪不能行革命书》和《与同学诸子梁启超等论印度亡国由于各省自立书》这两封信，在发表后不久即以《南海先生最近政见书》为名出版单行本，这可以视为是康有为面对当时所流行的各种观点的系统回应。《答南北美洲诸华商论中国只可行立宪不能行革命书》中的诸多问题，因在讨论章太炎《驳康有为论革命书》一文中已有涉及，所以，这里将主要围绕"自立"即各省独立的问题来阐述。

在这两封信中，康有为着力强调了方法论的问题。对于晚清盛行的中西政体比较之方法，康指出，不能

---

〔1〕 桑兵：《庚子勤王与晚清政局》，第 371 页。北京大学出版社，2004 年。

随意比附，首先必须审视什么样的比较才是可行的。他说，许多人之所以提出“各省自立”这种“亡国奴种”的想法，主要是因为“但读欧美之新书，而不能考亚洲之故事也”。[1]在康有为看来，不同的国家有不同的国情，有些是因为地理环境特别，有些则因为宗教原因之差异，皆不可进行随意比附。比如，就欧洲小国自立的问题而言，康有为就认为，此类小国国土面积虽小，但是皆尚武事，又有大国的牵制，“故能久而不灭，积此千年，国界久定，国势久立，人心久坚，故能历久相持。近乃有商战、学战而无兵战，凡此皆为欧洲千年之老国能治之。”[2]而中国各省自古则并非独立之格局，一旦自立便只能自取其乱。

在康有为看来，欧榘甲在《新广东》一文中所列

---

〔1〕 康有为:《与同学诸子梁启超等论印度亡国由于各省自立书》,《康有为全集》第六集，第334页。

〔2〕 康有为:《与同学诸子梁启超等论印度亡国由于各省自立书》,《康有为全集》第六集，第345页。在康有为看来，文明古国乃一统之大国，而欧洲却小国林立，这跟人们的智力水平无关，而与地理环境有关。在眼下看，欧洲这种格局有利于竞争，并建立起议会体制。但从长时段看，则各有利弊。“中国万里数千年，已享一统之乐利。欧洲列国分立，经黑暗中世，千年战争，惨祸酷矣，乃得产此议院以先强，则有其害者亦有其利。”《意大利游记》,《康有为全集》第七集，第383页。

举的南非布亚人、菲律宾、古巴等自立的例子，以及革命党喜好引用的美国、法国的例子，皆是“不学而误读书之毒”的表现。他说，与中国同处亚洲，且人口、文明发展之历史、人性特征都类似的国家只有印度，因此，如果要进行比较，最为适合的参照物就只能是印度。

通过对印度自立历史的描述，康有为得出结论：印度作为一个育有两亿人口，且具有数百年一统历史的国家，却不能与遥远的英国相抗，其最主要的原因就在于各省求自立。因此，一个大国如若被分割成众多小国，难免势力分散，最终将难以抵御欧洲的强国。

康有为接着说，中国的土地广博，延绵四百二十万八千四百平方英里，如果按照“排满革命党”的设计，不将东三省、新疆、内蒙、西藏等地纳入中国版图，仅留下内地十八省，则只有一百三十三万平方英里，比印度的国土面积略小，如果内地各省再进行分省独立，那么其每一小国之国力就只能相似于朝鲜和菲律宾，步印度后尘的后果不言而喻。

因此，在康有为看来，绝不能盲目排满，而是应当正确认识到满人入关其实并无损于中国，而是让中国成为一个地球上的大国。在这个万国竞长的时代，应该提倡满汉合汇，而不能恶国土之广大而擅自分拆，自生内讧。对于欧榘甲的言论，康有为也作了专门的批驳：

“或者又言广东自立，详论之至二十七篇，则广东尚不能如印之孟加拉也。当孟加拉自立时，安有门户咫尺之地，而有香港、广州湾两大国处其间哉？安有汕头、梧州两埠穿其胸胁哉？一有变乱，半日之顷，异国三色之旗、战舰万吨之炮，已翩翩珠江上流矣。是欲为孟加拉之自立二十年，坚固其势，而又必不可得者也。”〔1〕康有为希望主张革命自立的人，以印度为教训，“相与保全国而合大群，求民权而立宪法，以祈天永命也。”〔2〕

---

〔1〕 康有为：《与同学诸子梁启超等论印度亡国由于各省自立书》，《康有为全集》第六集，第346—347页。

〔2〕 同上书，第348页。反对各省自立而强调大一统的观念，可以说是康有为始终坚持的观点之一。他在1918年所写的文章中，依然在批评欧榘甲等人的“自立”观点，认为这给民国初的军阀割据提供了理论基础。他说：“近廿年来，自吾愚妄无知之门人梁启超、欧榘甲等妄倡十八省分立之说，至今各省分争若此，此则梁启超之功也。欧榘甲作《新广东》一书，流毒至今。今《新广东》如其愿矣，而新广东分为七政府，生民糜烂，则欧榘甲之功也。……统合十余年来各新学者之说，拾欧美唾余，高谈革命、自由、共和、联邦一切之论，自以为知新得时，皆盲人骑瞎马，夜半临深池，奇谬大愚，发愤以亡中国而已。……此书当时专为教告梁启超、欧榘甲等，二子离索既久，摇于时势，不听我言，谬倡新说以毒天下。吾国人尚慎鉴之，勿甘从印度之后也。”此为1918年辑录《不幸而言中不听则国亡》时的跋，见《康有为全集》第六集，第349页。

二　老帝国与新国家：联邦与一统、封建与郡县之辩证

在对欧榘甲及革命派提倡分省自立之言论进行批评的过程中，康有为既要强调各省自立所带来的国家整体能力遭受削弱的可能性，同时必须要看到，一个集权的大国，如何解决因不同的自然、文化环境而可能带来的政令不畅、制度失灵等现象。而对此类问题的思考，也正是主张自立者所倚重的理据。

关于地方自治和国家统治力的问题，在传统中国语境中，可以“比附”为封建制与郡县制之辨。“封建制”某种意义上可以理解为地方自治，而“郡县制”则可以比附为“中央集权”。关于封建抑或郡县的问题，在汉以后一直被议论。而概而言之，封建制占有话语优势，原因在于它是三代圣王的治理体系，在体现出历史合法性的同时，还符合儒家“亲亲尊尊”的原则，进而获得价值上的合法性。但是，在学术思想史上，亦有如柳宗元和苏轼等为郡县制辩护的声音。不过，即便是如黄宗羲、顾炎武等将郡县制批评为“视天下人之公利为一家之私利”的制度形态，亦会认为郡县制乃

时势之必然，所以他们提出的改进办法是“寓封建于郡县之中”（顾炎武），通过以县令世袭的制度设置来增强地方的自治权力。顾炎武的逻辑并非是要割裂地方和中央，而是相信，如果地方政治经济得到发展，国家的实力自然会随之增强，换而言之，顾炎武的思路在于给予地方活力以换取整体的增长。

基于晚清王权衰落的现状，对于郡县与封建制度的讨论又一次开始兴盛。比如，冯桂芬在提倡地方自治的时候，就是从分析郡县和封建各自的利弊入手进行论述的。他在《复乡职议》中说：

> 治天下者，宜合治亦宜分治。不合治，则不能齐亿万以统一，而天下争；不分治则不能推一以及乎亿万，而天下大乱。……封建之合，不如郡县之合尤固，故封建不可久而郡县可久。反而言之，天子之不能独治天下，任之大吏；大吏不能独治一省，任之郡守；郡守不能独治一郡，任之县令；县令不能独治一县，任之令以下各官，此分之说也。[1]

冯桂芬强调了郡县制在维护国家统一方面所具有的优势，但是，他也意识到郡县制所带来的下情不通的问

〔1〕 冯桂芬:《校邠庐抗议》，第36页。上海书店，2001年。

题，即一旦君民、官民沟通不畅，即将带来百姓对于国家事务的隔膜，从而也难以开启民智、鼓舞民气，以达到上下一心、共同应对由外力侵压所带来的困局。

康有为对于中国国家形态的考虑，也是在对封建和郡县的纠缠中展开的。然而，戊戌政变后长达十几年的游历世界各国的经验，使康有为能够将中国的国家形态置于世界历史的发展视野之中，从而使几千年来的封建郡县之争有了一个新的参照。

在康有为看来，要理解世界上不同的国家类型，首先要注意到地理环境的影响。他的这一强调或许与他长时间在世界各国的游历经验有关。他坚信一统与分立也受地理环境的影响：中国三面环山，所以倾向于定一；欧洲临海多岛屿，所以多小国。在比较了古罗马帝国与中国的治乱史之后，康有为说："欧土无一英雄如周武帝、隋高祖、唐太宗者，遂使欧洲之不幸为千年争战之黑暗世界；而亦幸而因竞争以产今日之文明，得开辟大地。我国幸而一统千年，得以久安；不幸则以无竞争而退化，至有地球主人翁之资格而反致危弱也。求所由然，则我国地形以山环合，欧西地形以海回旋；山环则必结合二定一，海回则必畸零而分峙，殆无可知如何者耶！故马其顿、罗马之一统，实年不过六七百；而战国、三国、六朝、五代之分裂，亦不过六七百年。我国数千年以合为正，以分为变；彼土数千年以分为正，以合为变。此则其大同而相反之故，而一切政俗因之。”[1]一统与分立，论其制度本身各有优劣，一统之世，较少争乱；而国家分立，则富有竞争而促进文明发展。总之，对于中国而言，评判其优劣，既要顾及历史和地理的原因，也要考虑当下的国际格局。

在某种意义上，康有为借助了春秋至战国的转型历史来理解当时的国际格局。在这样的格局中，各国之间互相征战、强国兼并弱国，理虽不必然，事有必至。他认为，由种族而发展至一统之大国，是事物的规律，甚至与孔子提倡的“大一统”之说相合拍。[2]通过自己的观察与推测，康有为甚至接受了被进化论所包裹的殖民逻辑是一种“自然之理”，认为弱小的国家势必会被强大国家所“吸纳”，最后世界上可能只有少数强国才能存在：“夫今地球竞争，为何时乎？自吾身所见，弱小之邦，岁月被灭，不可胜数。……自尔之后，霸国之义大倡，日人称为帝国主义者也，小国必为大国所并，殆

---

〔1〕 康有为：《意大利游记》，《康有为全集》第七集，第388页。
〔2〕 同上书，第367页。

于必然。观春秋时二百余国，至战国所余仅七国耳；虽有鲁、卫、中山，不过如安南之隶入藩属。盖自今以后，第二等国以下，亦必不能存。弱肉强食，鲸之吞鲵，乃理势之自然也。计百数年之后，所存必仅数大国，自英、美、俄、德、法五国外，其余皆不可知者矣。”〔1〕这就意味着，就积弱的中国而言，目前应该庆幸的是只割让了一些土地，而没有像周边的朝鲜、暹罗等小国那样落入殖民国家的口中。因此，摆在国人面前的选择就只能是维护起一个“大国”，才有力量来进行抵抗。如果按照革命党所主张的自立的方法，将中国割裂为数十个小国，那么便会如印度那样，因内乱而各邦独立，最终被英国所殖民。所以，中国所应效仿的对象应该是德国和意大利，这两个国家能够通过联合各邦而组成一个强大的国家。当他在《挪威游记》中谈到挪威脱离瑞典自立为国的事件时，认为挪威的自立是受到了德国和英国的蛊惑；而对于德国而言，之所以支持那些小国独立，其最终目的是为了便于吞并：“在德国日倡之大义，则务合众小为联邦；在德国赞助之力图，则分

〔1〕康有为：《答南北美洲诸华商论中国只可行立宪不能行革命书》，《康有为全集》第六集，第323—324页。

弱邦为独立。同在北欧，举义何其反欤！德人最有合并之谋，德王尤具英雄之略。闻奥之诸部，德人尤频唆之离奥，是何心哉？司马昭之心，路人知之。大约欧之分小国愈多，则德之以联合为吞并愈易耳。”[1]

由此，康有为对于此时中国“国家建设”的核心任务产生了一个根本性的认识，即建立一个统一而强大的国家是最为重要的。任何的具体治理策略，最终都必须服从于这样一个基本的前提。而革命派及诸如欧榘甲、梁启超等康门弟子虽一度主张分省独立、联邦国家，但在康有为看来，他们的种种主张，皆有可能有损于一个强大国家的建立，因此在确立制度时必须进行仔细斟酌，不能简单地照搬美国的联邦制。

在康有为的政治设计中，他总是试图在历史合理性和现实必要性之间寻求一种平衡。所以，他一方面要上溯经典之依据，另一方面则引述欧美日本的经验。当然，这样的结合实际上常常会产生许多圆凿方枘的不匹配之处，从而使他遭受来自儒家群体和政治保守派的双重打压，客观上阻碍了他的见解被政治家所倚重和理解。

关于“在现代国家的框架下如何确定国家与地方的

---

〔1〕 康有为：《挪威游记》，《康有为全集》第七集，第473页。

关系”这个问题，康有为依然试图将这类基于现实考虑而得出的对应性策略置于他的公羊三世论中。[1]在他的叙述框架中，封建、郡县和郡县自治形成了政治秩序的“进化”状态。在康有为的“序列”中，封建制度处于人类的初创阶段；而郡县制，同时由中央政府任命官员则是据乱世的制度形态；要到升平之世才能实现郡县自治。这样，他的国家观念便具有了正当性依据：

> 凡封建之后必行郡县；郡县者，乃治法必至之势也。大约封建世及，行于草昧初开之时，据乱之制也；郡县派官，行于大国一统之时，升平之世也；郡县自治，皆由民举，太平之世也。[2]

这个序列的现实性意义在于，它为晚清的政治变革设置了路线图。并强调，通过现实的变革，可以实

---

〔1〕 公羊三世说原本只运用于解释中国和周边的世界，而当三世说面临全球格局，中国在三世说中的地位则变得复杂，所以康有为有许多补救性的方案，比如三世中复有三世的说法，主要就是为了容纳国家之间发展程度的复杂性。康有为说：“盖尝论之，以古今之世言之，有据乱、升平、太平之殊，不可少易。而以大地之世言之，则亦有拨乱、升平、太平之殊，而不可去一也。……故今者大地之中，三世之道并行，法则悖矣，而治世之意各得其宜，则未尝小悖也。”康有为：《中庸注》，《康有为全集》第五集，第389—390页。在同书中，康有为还用一统三世，来解释王天下有三重。见上引书，第387页。

〔2〕 康有为：《日耳曼沿革考》，《康有为全集》第八集，第242页。

现一种国家集权下的郡县制。

与同时代的大多数改革设计者不同，康有为还会将他的考量置身于世界政治变革的视野中。康有为认为，中国虽早于西方走出封建制，但是欧洲却吊诡地收获了由于封建国家林立而产生的竞争优势。他说，虽然中国人在秦汉之际由郡县制取代了封建制，因而早就享受了“大一统”所带来的承平天下；而欧洲的封建制则绵延千余年，其间经历了激烈的争竞和战争。

同时，当今世界所通行的新世、新法、新理，也皆是由封建制破茧而出的。康有为总结了封建制的五大“后果”。其一：“有封建，则贵族大侯势力厚盛，不能听一君之专制，有恶则放废之。”而中国因为封建早废，没有能与帝王抗衡的势力。其二：“有封建，则帝者无大权，虽日穷兵，而兵力常为内讧所掣。”这导致帝王无法一统天下，小国并峙，互相制约、互相竞争，政治因而日益改善。其三：有封建，各国牵制，所以只能“求地于海外，以辟殖民地为事”。由于新的地域的管理需要，诸多新的发明和治理原则得以出现。没有封建，一统之大国管理困难，所以便会倾向闭关、立海禁。其四：“有封建，则有世诸侯大夫，生长富贵，不知稼穑，骄奢淫佚”，所以有宫室之美，器什之精。其五：“以有封建而竞争之国，于是国王与侯相争而自立之，城邑因联卫而产出，……而平等、民主、共和之制乃酿生，美国政体由此而渐入大同。”[1]相比于欧洲，“吾三代封建，地大竞争矣，而不能产今新世界者，则以上无教皇之崇尊，下无大夫之立国，君无掣肘，故一统可成。外多荒地未辟，故不暇寻诸海外，而新识不能出，缘是数者，故新世之业中国未能产也。”[2]不同的历史进程产生了不同的后果，而对于中国而言，大一统的政治格局所带来的缺憾在于，中国缺失了因竞争而产生的创新。

康有为认为，总体而言，中国大多数时期处于一统天下的状况，而欧洲则长期处于分裂的时期[3]，康有为固然倾向于将中西之别归结为地理环境的差异，但也相信这样的差异造成了中国难以开创“新世”，成为地球之主人翁。[4]在他看来，中国因为长期的统

---

〔1〕 康有为：《日耳曼沿革考》，《康有为全集》第八集，第239—240页。

〔2〕 同上书，第240页。

〔3〕 康有为说，中国虽有战国、三国、六朝的分裂，算起来大约六七百年，而欧洲马其顿、罗马统一的时间也不过六七百年。由此可见，欧洲统一的时间与中国分裂的时间大致相当。见康有为：《意大利游记》，《康有为全集》第七集，第389页。

〔4〕 参见康有为：《日耳曼沿革考》，《康有为全集》第八集，第240页。

一，导致缺乏竞争而难以发展；而欧洲正好与此相反，因分裂竞争而造就了今日之文明。

“新世”是康有为对于西方新的科技发现和经济社会组织方式的一种描述。在“新世”的局面中，康有为最为看重政治制度层面的发展，而这正是建设新的国家所需要学习的内容。在他看来，“新世”表面上表现为声光电化这类科技的发现和生产方式的进步，从而带来了物质的文明，世界的繁荣为数千年所未有；不过，他更为重视政治上所发生的巨大变化，这个变化如果以法国革命作为起点的话，主要体现为民权对于贵族统治的取代。在此之后，议院产生、公共教育体系逐渐形成，社会公共服务系统得以建立。“工艺之精美，政律之修明，此新世之文明乎，诚我国所未逮矣！今且当舍己从人，折节而师之矣。”〔1〕

〔1〕康有为:《法兰西游记》,《康有为全集》第八集，第201页。在《日耳曼沿革考》中也有类似的表述:“方今新世绝出于旧，及欧人之凌吞大地，而欧美化之震靡万国者，岂非平等、共和之公，立宪、民权之变，汽电、新器之奇，美、澳太平洋之辟，政法之密，与其宫室、什器之精哉。”载《康有为全集》第八集，第240页。康有为认为从时势的角度，学习西方是必要的，但并不认为这样的原则是正确的，而是不得不然的。“今欧洲新理，多皆国争之具，其去孔子大道远矣。一二妄人，好持新说，以炫其博。迷于一时之权利，而妄攻道德。”见《意大利游记》，载《康有为全集》第七集，第374页。

从上面的描述中，我们可以得知，康有为关于封建与郡县问题的讨论，与顾炎武、黄宗羲等人的论述有了很大的不同。如果说，顾炎武、黄宗羲等人倾向于论述儒家的民本和皇权独尊的论域的话，康有为所关注的，首先是现代国家形态中“中央和地方”的关系问题，其次是封建或郡县制度所导致的社会创新的能力问题。

如果从中央和地方的关系来观照封建与郡县的问题，则康有为反对晚清呼声越来越高的各省自立。革命派的“自立”背后即隐含着国家的分裂，而国家分裂的后果则是使中国在万国竞逐的国际格局面前更为失去竞争力。所以，一统的大国形态是康有为所期待的；同时，一统的大国所带来的上下政情不通的局面也是可以通过制度变革而加以改变的，比如康有为曾设计了“析疆增吏”等制度来解决这一问题，这点将在后文加以讨论。既然传统的王朝形态弊端丛生，那么就必须代之以一种新的国家体制。

康有为所面对的世界，其实正是一个世界帝国不断崩溃的历史时期，彼时欧洲的奥匈帝国刚分解不久，一种新的国家形态此时便受到康有为的特别关注，并因为德国的迅速崛起而成为康有为思考中国的参照——联邦制国家的问题成为了康有为的思考重点。

康有为认为，新的大国，最好采用联邦制。在康有为心中，德国是联邦制国家的理想模型。威廉倚靠俾斯麦逐渐将领主庄园林立的德国整合为一个文化和价值上有共同指向的现代国家，并最终转变为一个现代国家。康有为看重的是整合之后的国家形态，在康看来，联邦制只是作为一个由自立向一统大国过渡的阶段性形态，其方法是通过逐渐统一文教价值来归并各国，这比俄国、法国、英国通过消灭对方来让对方隶属的方法要好得多：

> 近代联邦之国，其体至奇。创体本于希腊及德诸自由市，而结合不同，今美、德是也。然窃谓联邦政体，其初虽甚难，而将来吸收大国一统，则莫妙于联邦之制也。其制各国独立，保其尊崇而不干其政，各国小君主或王或公侯皆与各大国平等，即与德帝亦平等，此其便人之归合甚矣。夫使若中国之待属国，必屈以臣礼，则人情或难之。今以公侯与帝霸平等，国政自治，但外交与兵权属之，霸王何损焉？以强大国而办外交，益纵横得力，固国民所乐附也，胜小国独立多矣。……德政俗之盛，事事第一，人主世有令闻，而人种最

> 繁，地处欧中，又特有联邦之例，以阴纳各小国，天将兴之，以为欧洲一统之国，岂无故哉?[1]

康有为甚至从德国的经验推论至欧洲将成为一统之国的未来。联邦制之所以比以前的殖民制度或帝国外藩制度更容易建立一种持续的凝聚力，关键即在于平等，属于“以德服人”。但是，如果由联邦制进一步凝聚为统一的国家，则需要在价值观和文化上加以统一，这依然会产生多元文化之间的冲突。因此，这就需要以一种国家的力量来“规定”某一种国家性的语言文字，需要“以力服人”，即借助国家的力量来统合。所以，联邦制虽然是基于平等的制度结合，但

---

〔1〕 康有为:《德国游记》,《康有为全集》第七集，第448页。在民国成立之后，康有为甚至提出了“主权在国”的观念，以与一般所谓的“主权在君”和“主权在民”相区别。其目的依然是看重国家力量在世界竞争阶段的重要性。而“主权在国”的代表则是德国，与“主权在民”的法国相比较，康认为德国的优势已经得到事实的证明，所以他甚至认为国会代表所代表的不是国民而是“国家”。他说:“国会者，国民之所会也。广土众民，国民不能尽会，则选代议士以代表国民之意，于是选举法出焉。法初选举时，天赋人权之说盛，则以民为主。继而德争霸于国竞之时，则以国为重；今各国从之，盖时宜也。固凡议员皆代表全国，而非以代人民地方焉。”见《国会选举案》,《康有为全集》第九集，第303页。当然这里涉及康有为将nation理解为国家而非人民之公案。对此问题的讨论可见章永乐:《旧邦新造》，第98页。北京大学出版社，2011年。

结合之后的“凝固”则需要国家的力量，这或许可以称之为“杂霸王道”的方式。

> 德、意由联邦之盟而合一，美、瑞由联州县之盟而合一。然天下由散而合其事至难，美、瑞以自立而竭力御外，其政为民主公举，其理至公，其益易著，中虽经南北之乱，几致分离，而林肯以兵力定之，至于今日，人受其功效，故愈合而胶粘愈坚，人有同心，甚且纷纷愿内附矣，此以德服人者也。意、荷以人种自立，而其王有大功，故始则合诸侯而立国，中间纷纷败亡，而封建且废焉，渐混为一，此以功服人者也。普久与奥争盟，既而胜法，诸侯皆归焉。以小侯既多，普得收议院之权而行其政，今语言文字皆须从普，百政皆听其令，名为联邦实同侯国，于是控制极固，团结渐一。诸小邦多有怨者，巴威尤甚，咸议普人之骄，然势力已定，无可如何，此以力服人者也。[1]

在晚清的政治争论中，革命派与改良派在许多政见上差异甚大，但唯独在联邦制问题上似乎存在着“共识”。所差别者在于，康有为认为，联邦制是走向

---

〔1〕 康有为:《补奥游记》,《康有为全集》第八集，第394页。

大一统国家的过渡阶段，而革命派则将联邦制看作共和制的国体形态。[1]

1911年，在民国成立之后，联省自治逐渐成为社会风潮，甚至被视为抑制专制和模仿欧美的先进国家构成方式。[2]然而，当时各个党派及政治团体虽以联邦制为理想之政体，但实际的政治主张却经常随现实政治的变化而变化。按李剑农的说法：袁世凯大权独揽之后，“鼓吹联邦论、鼓吹扩大省自治权的人，大概是感于袁氏专制淫威的滥用，使得各派新人士全无活动插足的处所；想借联邦自治之说，一方面挑动各省

---

〔1〕冯自由在1906年《民报》第4号刊文《民生主义与中国革命之前途》中说：“共和政治也，联邦政体也，非吾党日以为建设新中国无上之宗旨乎？然使吾党之目的而达，则中国之政体将变为法国之共和、美国之联邦。”（载《民报》第4号［合订本］，第11页，科学出版社影印，1957年。）

〔2〕比如1911年9月张謇致电内阁提倡联省自治的联邦制度：“路索谓国土过大，则中央之支配力有鞭长莫及之虞，老子谓治大国若烹小鲜，此中国国土过大，宜于共和分治之说也。大抵君主立宪最宜于小而血统纯一之民族，日本神武天皇之子孙，万世一系是也。民主共和最宜于国土辽阔，种族不一，风俗各殊之民族，瑞士之二十五州为联邦，美之四十八州为合众国是也。瑞士民族论者比为欧洲之缩图，美之国土广袤不亚于中国，而民主共和之治最称瑞美，此之两国，皆为吾法。”［《辛亥九月致内阁电（清宣统三年辛亥）》，张孝若编：《民国丛书》（综合类第三编），《张季子九录》（一），《政闻录》卷三，第41页。上海书店。］

反抗袁氏独裁的情感，一方面为新派人士谋活动机会。所以一到洪宪帝制推翻后，甚嚣尘上的联邦论又反于消沉的状态了。”[1]所以，李剑农才说，民国初期提倡联邦论者，大多并不了解联邦论的实质。

直至民国建立之后，康有为看到国家政治之混乱局面，作为晚清地方势力之延续的军阀割据天下，他对联邦制的评价越发低下，将之视为一种“不得已”的过渡办法，即“以大团小”。他说，主张联邦者，因为失去了统一国家之目标，那么联邦制就可能成为国家“自散”的推动力：“夫联邦者，欲合一而未能，乃出此不得已之法，以为过渡耳。若吾诸直省，本自数千年之统一，乃忽议分立，而自斫散之乎？出于敌人散弱我也，则良法也；若我自散也，则至愚而已矣。”[2]

民国初年，为了反对将省作为单元的独立倾向，关于“废省”的争论也愈加激烈。以国家一统为核心追求的康有为是坚决主张“废省”的，并于 1912 年冬作《废省论》，进一步阐述其在 1904 年前后所作

---

〔1〕 李剑农：《中国近百年政治史》，第 514—515 页。商务印书馆，2011 年。

〔2〕 康有为：《共和政体论》，《康有为全集》第九集，第 250 页。

《官制议》中提出的关于重新设定中国行政区划的想法。

在《废省论》中，康有为对当时盛行的几种实行分省自立的理由进行了驳斥。首先，对于分立以制衡的说法，康有为认为，制约专制的权力在于立宪，然后需以立法、司法和行政权力牵制的办法来对抗行政专断；而如果不采取制度上的牵制，只是分立自治，那么，国家将只是变成一个个小的专制国而已。其次，对于美国、欧洲或者日本采取自治而强的做法，康有为认为，政治模式的设计一定要因应其历史风俗而定，不可因人力而强为。同为民主国家，德国和日本是君主制，美国和法国则是民主制，各有不同。自古以来，强国的形成，要么以吞并小国以为王，要么就是联合诸弱以为霸，国家分立均是国势孱弱而不得已的结果，怎么可以将已经形成的大国自行拆散而任人欺负呢？[1]

在《废省论》中，康有为罗列了省督制的七大弊端，包括：(1) 行省是元制，与中书省并列，因此，行省的地位过高，导致内阁难以统一指挥。(2) 财政分

---

〔1〕 康有为：《废省论》，《康有为全集》第七集，第360页。

权，导致地方任意向百姓赋税，而一旦要兴办公共事务，就向中央索取。(3) 各自为政、各自推诿。(4) 督抚权力集中，压制地方人才，一旦都督非人，难以制约。(5) 督抚制适合在边疆属地运行，在内地设置不合适。(6) 都督沿袭旧制督抚专权，导致地方割据，国家分裂。(7) 都督既掌军权，又理民事，难以实行军民分治。[1]

由此，康有为提出了行省区划必须铲除的十大理由：(1) 区划面积过大，难以精密治理。(2) 与中国古代区域治理规模和欧美之治理区域相反，难以分治。(3) 选举困难，所选议员难以真正代表民意。(4) 行政层级繁密，地方无权。(5) 地方的利益诉求容易被行省所阻隔，难以直达中央。(6) 只有省级议局，道府一级没有议局设置，因此过于疏阔，难以筹划地方事务。(7) 多一个行政层级，多一种地方税，搜刮百姓财力。(8) 都督直接领导州县，中央不能集权。(9) 都督权力过大，制约财政统一。(10) 废除行省，可以避免地方割据。[2]

在这些主张中，我们可以看到，康有为主张废除

---

〔1〕 康有为：《废省论》，《康有为全集》第七集，第365—368页。

〔2〕 同上书，第368—372页。

行省、简化行政系统。这既是要解决各省各自为政的问题，也是改善行政效率的举措。但是，在取消省制之后，依然要面对如何凝聚起这些行政区域的问题。中国区域广大，各地地理和文化风俗各自不同，应采用不同的治理方式。他借用《禹贡》的五服制和英国治理海外区域的经验，将中国划为三服："今吾欲划中国为三服，其长城及截海以内，中国旧壤，曰甸服，以府州立尹治之，府即州也。……沿边要地，命曰要服，以道治之。若滇、桂之边，琼州之岛，东三省之边，四川之边，新疆之近边，内蒙古之近边，是也。道立巡抚，若必不用旧名，则今之名宣抚、镇抚、观察皆可也。西藏、新疆、内外蒙古、东三省之边，命曰荒服。此可用今制之都督治之。"[1]这个主张看上去与章太炎的《中华民国解》中以文化和价值作为地区性区别对待的方式有类似之处，接近于"以德服人"的治理策略；然而，问题在于，如何在疆域拆分和地区性差异的基础上建立起一个统一的文化和价值认同？对此康有为的思路是复杂的，在"以力服人"的强力体系难以建立的现状下，康有为的设计是"立

〔1〕 同上书，第377页。

孔教为国教”，即说服议会通过“国教”提案来使儒家思想成为新生国家的价值依归。

毋庸讳言，康有为的“联邦—大一统”方案，必须建立一个“以力服人”的维度。或者说，康有为期望建立起一个强有力的国家。但是“废省”方案所对应的是军阀割据的现状，而且废省事实上也难以真正解决军阀的势力范围的问题。也就是说，民国的各省独立，虽是各省都督所为，但其背后则是基于晚清地方势力的增长而变形的跨省际的军阀割据。所以，戴季陶明确地说，“废省”并非是解决国家分裂的好方法；作为革命派的舆论中坚，他提出的对应方案则是“联邦制”：

> 省界之害，既已为人皆知，然而知之而不知去害就利之术，在省界之发生也，由于历史上地理上及人民性质之原因……然而既已成此现象矣，欲去其害，惟有因势利导之一策，逆其势以行之，徒使害益大耳……此有主张以废省为去省界之一策者，即改今日之行省，各为二以上之州……主张此说者，其意本不在于省界之害，而在实行中央集权，而不知以省之简单，且不能为治，再分为数十州，更不能为治也。……然则去之之道若何，日，是在因势利导……美之各州，其州民之

地方色彩，较中国人之省界尤著也，而可以联邦统一之。……苟行联邦制，则省民可以其爱省之心，以图省之发达，而随互相助之原则，以图各省之融洽，不相侵而相维，不相忌而相助，省界之害除，而省界之利收矣。[1]

晚清时期，联邦制的鼓吹者们对此问题其实有两种方向引导，一种是各省自治，以避免军阀之间因势力范围的争议而导致的战乱；另一种则是通过联省达成国家的统一。民国之后，康有为所看到的则是在自治之名下可能导致的分离倾向，而革命者则从形形色色的独裁举动中看到联邦制的制约作用。正是在这样的现实困境面前，康有为的废省论，经常被视作“为独裁张目”的主张。

三　增吏析疆：中央集权与地方自治的平衡点

如果要废除自元代以来的行省制，就需要一种新的行政区划作为替代性方案，并辅之以新的管理体制。

〔1〕 戴季陶：《中华民国与联邦组织》，引自胡春惠：《民初的地方主义与联省自治》（增订版），第84页。中国社会科学出版社，2011年。

在康有为看来，元朝统治区域过于庞大，设立行省制可以解决治理的效率问题。但是，这样的大区域治理和行政层级的上移导致了三个不良的后果：一是“一省千余里之大地、数千万之人民，仅有一督、抚握政权，以通上逮下，而余官皆束阁废弃”。他以欧洲国家和日本的情形为例，指出这些国家大多国土面积皆小于中国，而其所设立的行政区域却反而比中国多得多，因此其管理十分有效。二是“分区等太多而皆不逮下，徒增阻碍”。县以上层级过多，乡邑小区则阙如，真正的民意民情难以上达。三是“县令取之太轻、待之太贱、责之太重，养之太薄，而又少佐官属吏”[1]。县令一级的权力过小，意味着存在许多压制型权力系统，这样使得县令难以切实地承担地方管理的事务。要解决这个问题，出路是对中国的行政区划进行分割，取消省级行政机构，使每一个地方所管辖的人口和区域都作相应缩小；进一步，则是要增加官员数量。他批评那种“惜爵裁官”的言论，“后人习于闭关一统之旧，言治法者开口辄言惜爵裁官，此与节流尚俭之旧论，皆为闭关愚民之法，贤者以为口

[1] 康有为：《官制议》，《康有为全集》第七集，第279页。

实，而实与今日竞争之世最相反者也。”[1]康有为认为，不同的事情需要不同的人去做，这样才能专业高效。实际上，康有为所说的“增吏”主要是指增加相关事务的办事人员，而非指纳入国家行政层级意义上的官衔。康有为显然是看到了现代国家与传统国家在管理方式上的巨大差异，即分工日益细密要求管理专业化并有对应性，这将产生大量对“公务人员”的需求。

根据“析疆”的原则，康有为提议在中国恢复汉代的郡、县、乡制度。以“道”为第一大区，下辖二三十个县，全国共设立七十多个道，其权重相当于元代的省。以“县”为第二中区，县长官之权重相当于知府。以“乡局”为第三小区，采取民政地方自治。原来的省和府则留为虚名。[2]

康有为也观察到，城市的形成所造成的行政区划的新变化。他认为，中心城市可以设立一些特别的行政管理机制，即都会制。对于城乡之间的关系，康有为也提出了三等之制，最基础的是乡，他提出了一个标准，以万人为单位，万人以下为乡，万人以上为邑。

---

〔1〕 同上。
〔2〕 同上书，第285页。

邑可分为三种类型，“人民聚居曰邑，工商繁盛曰市，官府守治曰城。”一般而言，“城”是地方行政之所在地；而如果工商繁盛，五千人以上即可称市；最后一级则是都会，除首都之外，省会亦可称都会。在省级行政机构被撤销之后，都会便是一种不在县治范围的独立的行政机构。[1]提出都会问题，其实是要适应工商业发展之后，中国行政体系的一种新的形态。

不同的行政区划需要不同的官制，康有为撰写《官制议》来讨论“官制原理”，表面上看似乎是一种类似于“职官”制度的设计，实际上则是在思考适应现代社会的治理之道。他甚至依然沿用公羊三世说来证明不同时代应采用不同的“官制”，即不同的治理之道：

> 康有为曰，据乱专制之世，君权过尊，则官制多为奉君而设；平世则民能自治，君长皆以民而立，不设多官以事君，故为民事之官制优于为君事之官制。康有为又曰，野蛮之世，国治简略，故分职可少；文明之世，政治繁剧，故分职宜多，故

---

〔1〕 康有为：《论都会城邑自治》，《康有为全集》第九集，第138—139页。

多职优于少职。康有为又曰，据乱之世，道路难通，故不得不听外藩之分权；文明之世，道路通，机尤捷，故行中央之合权，故合权胜于分权。[1]

在这段话中，康有为指出，在不同的时代，官员设置的目的有所不同。在据乱世时代，官吏主要为皇帝服务；在平世，则民事官员要多于为皇帝服务的官员的数量。在野蛮时代，管理疏阔，所以官员数量很少；到了文明时代，政治活动要复杂得多，所以需要更多的官员来管理和服务于民众。然而，从国家形态而言，据乱世是外藩分权，文明世则要中央集权。我们可以看到，在康有为的时代划分中，据乱世相当于野蛮时代，而平世则相当于文明时代。根据这样的分析，康有为点明了他写作《官制议》的三个核心论点："一曰举公民而自治，二曰增疆吏以分治，三曰改官制以增员。"[2]意思是说，首先要激发公民的政治参与意识，实现公民自治；其次是适应现代社会分工的要求，增加官员的数量，提高管理的专业性以处理日趋复杂的社会事务。

---

〔1〕 康有为：《官制议》，《康有为全集》第七集，第231页。
〔2〕 同上书，第233页。

按照他的理解，在现代社会中，治理结构的合理性要取决于行政层级的多寡和治理区域的广窄。“强吏、官大、地广而级数多者，治必疏；弱吏、官小、地狭、级数不多者，治必密。汉、宋之守、令二级，地小官适，气疏以达，是也。各国略同之。今之中国，有督、抚，司、道，府，县四级，则疏阔壅塞甚矣。古者有乡、遂之官，皆乡官自治，故能纤悉皆举。各国同之，英国则大至县官亦民举而自治。而中国则隋后尽去乡官，相反甚矣。凡自下起者自治之制甚，则民治昌；自治之制不行，则民生瘁。”〔1〕康有为认为，减少行政层级、削弱各级官员的权力、扩大地方的自治权力，这三点可以确保中央政府和地方政权之间政情通畅。中国官制发展的历程是不断剥夺地方政治权力的历史，所以自治之制才被破坏殆尽。在康有为看来，如果上下通气，那么地方自治和中央集权之间就能产生相辅相成的作用。

根据这样的理解，康有为认为，宋代的制度是中国传统制度中最善之制。其中表现在五个方面，即：中央集权、分司详细、以差易官、供奉归总、州郡地

---

〔1〕 康有为：《官制议》，《康有为全集》第七集，第235页。

小。[1]所谓分司详细，主要指的是官员的职位区分比较细密，因而使职能趋于具体。以差易官，则意图在于吸纳大量非官员序列的社会服务人员，主要是在地方管理机构的非职业官员。供奉归总，则是将祭祀系统进行整理，减少繁复的仪式以及相应的人员配置。州郡地小，则是相比于元朝以后的行省制而言，康有为认为，行政区域过于庞大、层级过于繁多都会导致政令不畅，且难以因地制宜地进行管理。

当然，康有为不会期待恢复宋代的制度。他提倡地方自治，是希望从传统的制度资源基础上寻求一种新的自治体制的可能性。在他看来，晚清的团练组织虽然有点类似于地方自治的组织，也有征税和办理地方公益事业之功能；不过这个组织还不能算是真正的民治，因为这些团练或“同人局”的设立是由国家决定的，其统领也并非由民所举，而往往是由世家巨族所把持。

据此，他设计的地方自治制度，意图在中国原有的地方组织的基础上加以展开，并希望广东省先行实验，制定乡官议员的相关制度。按康有为的说法，这

〔1〕 同上书，第252页。

样做只不过是将已有的地方自治方式进行改制，将这些“同人局”的组织由国家建制改为民间建制，如此即可收“民治”之效。

超大规模国家的地域差异复杂丰富，设计小区域行政区划是一种应对之策，但这并不意味着对中央政权统制力的减弱。相反，小区域的行政建制恰好需要强大的中央权力来协调。康有为对宋代的“中央集权”是如此描述的：“一曰集州郡之权于政府而不隶于藩镇，二曰集财用之权于政府而不隶于藩镇，三曰集刑法之权于政府而不隶于藩镇，四曰集兵马之权于政府而不隶于藩镇。”康有为对宋代中央统制能力的肯定，源于其对唐代藩镇割据局面的拨乱反正；更为现实的刺激则来自对晚清以来地方势力不断膨胀的一种忧虑，他说：“若夫大权不集，皆分于外，欲运动而不能，欲振发而不可，犹夫废疾之人，其国殆可知矣。夫立国之道，兵、食为先。而财政、兵政皆散在各省，如何筹饷，如何炼兵，如何开制造局，如何开军械局，如何开银行，如何铸钱币，一皆听各省督、抚之各自为谋，为者听之，不为者亦听之。”[1]在如此情形下，

---

〔1〕 康有为：《官制议》，《康有为全集》第七集，第263页。

就出现了中央政府与地方政府之间的掣肘：朝廷钦差如曾国藩者，在江西得不到地方巡抚的支持，甚至在八国联军进攻北京的时候，地方统帅按兵不动，观望不前，这就是“失政不纲”的后果。

对国家能力的肯定，体现了康有为对于国家层面管治的一种独特理解。在康有为的理解中，民族国家体系既然体现为国家之间的竞争，那么国家对于财政、军队和外交的统制权则是必须掌控的，否则就难以应付国内和国际的新格局。而面对晚清如此羸弱的政府，康有为认识到，国家之强大乃是国民利益的最后屏障。“既立国矣，民虽为重，而当以国为先。”〔1〕

当然康有为知道，中国这样的大国，在交通、通讯等技术保障难以到位的条件下进行集权控制是很困难的；所以在内政的安排上，他把铁路、邮政、电信放在优先发展的地位，然后辅之以地方自治。如此，集权之统治才庶几可得。因此，在康有为看来，地方自治与中央集权恰好构成了一种互相促进的关系。

康有为认为，中国政治体制的一个最大的问题在于官民分隔。从官的方面说，自隋朝之后，乡官权力

〔1〕 同上书，第258页。

被取消，虽有督抚司道守令等层累多级官员，但是乡里却不再归属于行政系统控制，因而只有国官而没有乡官，只闻大官而失小官，其结局就是造成官员众多，但分职不清，百姓具体的事务无人来管。从民的方面说，百姓丧失了议政的权力，进而对于公共的事务也不甚关心。

康有为开出的药方与当时大多数人的主张一样，就是推行地方自治。在晚清政府意欲仿行宪政的新政大背景下，康有为认为，在百姓还未具备基本的政治意识和政治能力之前，地方自治可以作为议会政治的预备性行动。

> 中国今日亟宜行立宪法，亟宜开议院，此议官制有一无二之要政也。开议院则人有政权，民气得伸，民愿得达，民隐皆周。人有参政之责任，则民智日开，民才日长，民力日厚，国民之资格进而国之资格自进矣。[1]

既然立宪法和开议院是政治变革之目标，实现这些目标的前提是国民政治素质的提升。然而，政治素质的提升要依赖于政治操作能力的训练，地方自治就

---

〔1〕 康有为:《官制议》,《康有为全集》第七集，第265页。

是政治素质提升的最佳途径。

康有为有时也将地方自治与封建制进行类比。他说：地方自治，其实就是古代的封建制。所不同的是，古代的封建制所封乃一人，且为贵胄，而地方自治则“封建众人”，且由民选。“儒生开口言三代，即及封建、井田、学校。夫地方自治，即古者之封建也。但古者乱世，封建其一人，则有世及自私争战之患，此所以不可行也。今者升平，封建其众人，听民自治，听众公议，人人自谋其公益，则地利大辟，人工大进，风俗美而才智出。”[1]因此，对康有为而言，地方自治带有多重的效果：一，作为立宪的预备甚或体现方式；二，是最有利于国家富强的方式，当然，通常采用举例论证的方式，如当时世界上富强的欧洲国家，尤其是新兴国家等皆实行地方自治，美国亦实行地方自治，而日本更因实行地方自治而迅速强盛；三，是改善中国政治效率的手段；四，是对最为美善的古典政治形式的恢复。

康有为认识到，如果能实现地方自治的试验，那么对于开议院就产生了很大的帮助。“今中国民智未

---

〔1〕 同上书，第274页。

开，不能骤立议院，而各省、县、乡必当先举议员以自治，俟风气稍开，民智日明，而后开议院焉。”因此，在康有为的政治体制改革路线图中，地方自治便成为“第一要图”：

地方自治何以为第一要图也？以吾中国一统守令之治至粗疏，故有广土众民而不善用之，以致贫弱也。反其道而求治，即在精密；欲精密之治，舍地方自治无由也。今欧土以千数百小国，数百万寡民，而能立国富强且乐者，以行地方自治，则寸地一民可得而有用也。夫寸地一民之治，至精密也，此必非千里一守、百里一令所能致之，况于守令之才乎？故每县之中，令各乡村自开议局，自举议员，自为主、伯、亚、旅分治各政，以举行户籍、地图、修道、卫生、兴学、恤贫、水利、农田、市场、税收诸政，令其至纤至悉，毫发毕见，而后百政可得而渐举也。[1]

地方自治与康有为的“析疆增吏”的总体性思路相吻合，也与其所了解的欧洲国家的地方自治格局相

---

〔1〕 康有为：《复刘观察士骥书（1908年2月8日）》，《康有为全集》第八集，第371页。

一致。

清末地方自治的观念，最初是由传教士在介绍西方地理和政情的书籍中传入中国的，魏源的《海国图志》曾加以引述，随后，冯桂芬等人对此有了进一步的论述，提出乡董制度，并将这种制度安排与古代的乡官制度进行了比附。然而，从理论上对地方自治和国家富强的逻辑关系展开系统论述的则是维新派人士，比如梁启超、麦孟华等人。梁启超说："国者何？积民而成也；国政者何？民自治其事也；爱国者何？民自爱其身也。故民权兴，则国权立，民权灭则国权亡……故言爱国必自兴民权始。"[1]从民的角度来理解国家，是对国家认识的一个新阶段。这样，国民便成为了国家的主体，从而导出民权和"民自治其事"。因此，无论是维新派还是当时迅速崛起的革命派，均援引卢梭的《社会契约论》(当时译为《民约论》)中"主权在民"的观念，从而推出民权天赋、人民有自治的权利。据此，地方自治论者相信地方政府拥有相对独立于中央政府的自主权，而民众则对于地方事务

[1] 梁启超:《爱国三论·民权论》(原题为《爱国论三·论民权》，哀时客稿)，载《清议报》(第22册)，第1397页，1899年7月28日。

拥有相对独立于地方权力机关的自决权。拥有自决权的人不再是传统政治意义中的草民，而转变为“国民”、“公民”。这些新的政治名词的出现，意味着地方自治观念的根本转变，所以有人指出：“甲午之后特别是戊戌前后，地方自治思想提出的立场却发生巨大的变化，它的话语与主题总是与民权、民主紧密地联系在一起，总是从民权、民治或民主的高度被提出和阐释。这与甲午之前，自治论者从养民、安民、驯民等立场来倡导、阐释地方自治截然不同。”〔1〕

对于中国各地方政治势力而言，地方自治或许只是对清政府无力挽救危机而做出的一种自保性反应；对于维新派而言，则是一种改革的方案；而对于革命派来说，地方自治则是瓦解清政府的统治良方。所以，从清政府在《辛丑条约》之后宣布改革开始，无论是留学生还是开明的官员，都认为地方自治是中国改革的第一步。论者一般皆坚信，通过地方自治，人们可以练习政治能力，为最终实现宪政打基础。当时《浙江潮》上有一文最简明地表述了这样的关系：

〔1〕 汪太贤：《从治民到民治——清末地方自治思潮的萌生与变迁》，第93页。法律出版社，2009年。

> 立宪政体之要素，在人民之有参政权。参政权者，所以表国民为国家之分子，故有参预国家政治之职，谓曰权利，实则义务也。吾中国国民果何日始得此权利，何日始尽此义务，在今日不能预言，然其准备则今日其时矣。准备之事不一端，而达参政之资格为要义。凡是关乎国家之政治，苟为人民分内所应为者，则宜尽其当尽之责。而为练习之地步，地方自治其首端也。[1]

对于立宪与地方自治的关系，当时的舆论界几乎是众口一词。但清政府对此应是另有所思。甲午战争之后，内忧外患日益尖锐，地方势力离心殊为明显。如果顺应民意推进地方自治，无疑会进一步损害朝廷的控制力。在1906年宣布的立宪上谕中，即认为因制度未立和民智未开，应兴办教育、清理财政、制定法律，以“预备立宪”。[2]但是这样的说法，尽管得到了部分官员的支持，却为大多数舆论普遍质疑，认为这只是拒绝立宪的一种借口而已。直到1908年前后，

[1] 攻法子:《敬告我乡人》，载《浙江潮》第2期，1903年3月18日。

[2] 《宣示预备立宪谕》(1906年9月1日)，载夏新华等编:《近代中国宪政历程：史料荟萃》，第51—52页。中国政法大学出版社，2004年。

地方自治才被朝廷接受，成为国家层面立宪的准备。

即使是对西方政治体制最为熟悉的严复，也认为地方自治要比议院更为关键。他结合英国等地的地方自治经验，指出："地方自治之制，乃刻不容缓者矣。窃计中国即今变法，虽不必遽开议院，然一乡一邑之间，设为乡局，使及格之民，推举代表，以与国之守宰，相助为理，则地方自治之基础矣。使为之得其术，民气不必缘此而遂嚣，而于国家纲举目张之治，岂曰小补？上无曰民愚不足任此事也。今之为此，正以愈愚。但使人人留意于种之强弱，国之存亡，将不久智力自进，而有以维其国于泰山之安。且各知尊主隆民，为人人之义务，则加赋保邦之事，必皆乐于自将。"[1]地方自治可以让民众有机会参与政事，目的是使他们了解国家在世界格局中的位置，并激发民众对于国家的责任感。

严复以地方自治为强国之策，与革命党更倾向于从地方自治解构晚清政府的立场有很大的不同。事实上，在进入20世纪之后，严复与康有为的立场日益接近，虽然在政治立场中存在差异，但是他们都极其强调国家利益的优先性。在康有为的构想中，清政府与

---

〔1〕 严复：《法意》按语。《严复集》第四册，第982页。

他所要建构的未来国家之间有许多重合的地方，他更侧重于强调清王朝与现代中国之间在版图和价值上的连续性。毫无疑问，清王朝与未来中国之间的关系，已成为20世纪前十年康有为与革命派之间分歧的关键点。在革命派看来，反对中央集权与反对满洲王朝的集权统治是同一个目标，而地方分权则是一种反对国家集权奴役的手段。[1]所以，革命派对于未来中国的政治开始进行联邦制等构想，但却拒绝接受清王朝与未来中国之间的延续性。

地方自治和中央集权的互补，是康有为基于中国的现实而提出的治理模型，同时，他提出要从传统的宗族和团练等地方组织发展出有别于官方机构的地方自治机构。在这个主张中，特别值得关注的是康有为对于自治主体的思考，尤其是他所提出的“公民自治”的主张。

1902年4月8日到5月8日，康有为在《新民丛

---

〔1〕汪精卫说：“中央集权云者，全国之政治上之权力集一于中央政府，而地方行政机关，仰承其意旨，以为之奴役之谓也。地方分权云者，政治上之权力分配于地方，使地方团体自任其措施之责之谓也。”精卫：《满洲立宪与国民革命》，载《民报》第8号，第3页，1906年10月8日。

报》分三期刊出《论公民自治》一文，后收入《官制议》一书。在文中康有为指出，历史上的改革之所以没有成功，主要的原因在于其目的并不是为了“民”。君民之间的隔阂、民众无权参与国家的事务，使得民众并不能建立起“国家意识”和对于国家的责任感，这导致中国虽拥有四万万人，但他们都是“不分任”之人，即不分担国家责任之人。所以，康有为认为改革的一个重要步骤是培养公民，让公民实行自治，培育其对于国家的责任感。

“公民”这个概念为近代翻译名词，最初大约在林乐知等人编的《万国公报》中已经有人使用“公民”来翻译西文 citizen/citizenship。[1]后来何启等人在《资政新诠》中也使用这个词，但更多的则是梁启超等人用“国民”来指称与传统的百姓有别的能够对公共事务行使权力的人。

康有为虽然与《万国公报》有很深的渊源，但他是如何了解并使用这个概念的，至今并无确切的线索。不过他对这个概念有相对明确的界定，即“人人有议

---

〔1〕 郭忠华：《近代公民概念与翻译的现代性》，《中国社会科学报》，2013 年 5 月 26 日。

政之权，人人有忧国之责，故命之曰公民”。[1]如果说议政之权属于权力的话，那么为国家分忧则属于责任。因此，康有为的公民概念与晚清大多数对于民权的论说一样，必然与其国家意识有密切的关联。甚至我们可以做出这样的推论，即之所以要提倡公民的观念，其目的就是为了培养国家意识。这是处于亡国灭种危机中的知识分子自然的价值指向。所以，康在其《公民自治》篇中，“立公民”可以达成“爱国”、“亲上”。“夫今欧美、日本各国之立公民也，使人人视国为己，而人人公讲其利害而公议之。故上之有国会之议院，下之有州、县、市、乡之议会，故爱国之心独切，亲上之心甚至。”[2]对于有保皇情结的康有为而言，其爱国和亲上之间是具有逻辑一致性的。

康有为还列举了公民的四个益处：“凡既为公民有四益：一爱国之心日热，一恤贫之举交勉，一行己之事知耻，一国家之学开智。……以无公民，则散四万万而为数人；有公民，则合数千万而为一人。”[3]而

---

〔1〕 康有为：《官制议》，《康有为全集》第七集，第267页。
〔2〕 同上。
〔3〕 同上书，第268页。

一个人如果要获得公民之资格，则需满足一些基本的条件，诸如："今中国举公民之制，凡住居经年，年二十以上，家世清白，身无犯罪，能施贫民，能纳十元之公民税者，可许为公民矣。凡为公民者，一切得署衔曰公民，一切得与齐民异，如秦、汉之爵级然矣。既为公民，得举其乡、县之议员，得充其乡、县、府、省之议员，得举为其乡、市、县、府之官。"[1]不具备公民资格的人，则既没有选举权，也没有被选举权。如此这般，民众就会因期待获得公民的身份而乐善好施、奉公守法、行己有耻，并将有爱国之心。

在康有为看来，公民固然具备议政之权，但这个权力并非是要制约最高权力，而是增强国家的统合能力。而且康也视"公民"为增强政府能力的一种策略，这就招致了梁启超的批评。梁启超在《新民丛报》连载《公民自治》时写了按语：公民的身份是自立而非由别人所立，如果只是一种凝聚国民的方式，则难以判定其是不是真的公民。

的确，《公民自治》一文中所强调的更多是国民对于国家的责任，因此，其"公民"概念与西方启蒙思

〔1〕 康有为：《官制议》，《康有为全集》第七集，第269页。

潮中侧重于从个体权力出发的 citizen 不同。或许康有为故意使用“公民”概念，目的就在于要对抗忽视国家目标的政治倾向。

四 统一与自治之间：延伸性的现代中国国家建构思考

中华民国的成立很具有一些联邦制的色彩。武昌起义之后，各省纷纷宣布独立，脱离清政府。在民国成立之后，国家之实际政治重心，转移到各省的都督，中央政府的控制力趋弱，这在孙中山担任南京政府临时大总统时期即是如此，在袁世凯继任之后亦是如此。当时有报纸描述民初的中央与地方关系就颇为生动：

> 政府虽号中央，南省无殊独立；大约除外交一事以外，他如用人权、财政权、军政权皆南省各都督自操之，袁（世凯）固不得过问，袁亦不敢过问，其向来解中央之饷项，财政部无术催交。其近来驻地方之兵额，陆军部无从编置，至于各省用人，则稍循谨之都督，朝来荐任之电总统即夕下委命之文，若极隆重之总统，朝下任官之令，都督即夕来反抗之争，如斯局面，均属实情，非诬总

统之无能，亦非冤各省之不是，但问袁自南北声称统一之后，俨然接总统之任，膺国民之寄，乃迄今已届一年，南北统一之实权，依然其遥遥无着，袁果克胜总统之任乎，袁果无负国民之寄乎？以此质之，袁固百词无以自解也，须知革命成功，已阅年余，政府成立，亦逾一载，各国之不承认，虽日前暂诿诸临时政府，而其实则中央自中央，北自北，南自南，吾国确未能有统一之现状。[1]

民国成立之前，孙中山曾经倾向于支持联邦制国家的主张；民国成立后的临时政府时期，国民党中的许多人试图模仿英、法的内阁制，一度希望加强中央权力。但在袁世凯正式担任大总统之后，集权倾向日渐明显。国民党的宋教仁、胡汉民等人，力图通过议会来制约袁世凯不断强化的集权倾向，转而主张给地方政府以较大的权力。

对此，胡汉民言之甚确：

中国地大，而交通不便，满清末造，惟思以

〔1〕《华字日报》，1913 年正月二十九日。引自胡春惠：《民初的地方主义与联省自治》（增订版），第 33—34 页，中国社会科学出版社，2011 年。

集权中央，挽其颓势，致当时有中央有权而无责，地方有责而无权之讥，而清亦暴亡，则内重外轻，非必皆得。且中国变君主为共和，不能以日本为比。美以十三州联邦，共和既定，即无反复。法为集权，而黠者乘之，再三篡夺，我宜何去何从。况中国革命之破坏，未及于首都，持权者脑中唯有千百年专制之历史，苟其野心无所防制，则共和立被推翻，何望富强？[1]

内阁制纯恃国会，中国国会本身基础，犹甚薄弱，一旦受压迫，将无由抵抗，恐踏俄国1905年后国会之覆辙。国会且然，何有内阁？今革命之势力在各省，而专制之余毒，积于中央，此进则彼退，其势力消长，即为专制与共和之倚伏。倘更自为削弱，噬脐之悔，后将无及。[2]

其实，无论是孙中山还是其他的国民党势力，对于联邦制和地方自治的强调，有时与现实的政治走向关系密切，并非单纯是对于国家体制的考量。总而言

---

〔1〕 胡汉民:《胡汉民自传》,《胡汉民先生文集》第二册，第70页。台北，1978年。

〔2〕 同上书，第70—71页。

之，在辛亥革命后复杂的政治形势下，新成立的民国并没有形成一个明确的国家体制，依然是军阀、地方割据势力与中央政府之间的矛盾和冲突结合体。

到1920年代，一股新的“联省自治”运动兴起，其目的依然是处理国家统一和地方自治之间的关系。其内涵有两个方面：“一方面由各省自己制定省宪，依照省宪自行组织省政府，各省实行自治；另一方面，由各省选派代表，组织联省会议，制定一种联省宪法，借联邦制来实行国家的统一。”〔1〕当时人们普遍认为这是解决地方割据和中央集权之间矛盾的良方。

1922年1月1日，湖南省颁布了第一个省级《湖南省宪法》，拉开了省宪之序幕。这是直接将联邦制的构想落实于法律实施，此前所作的《湖南省自治法草案》中说：“甚矣，国运之不祥也。今幸大势所至，人心所同，联邦政体已成天经地义之无所用其疑。而我湖南一省乃适当保境息民，毫不受外力牵制之际，虽有智慧，不如乘势，虽有磁基，不如待时。所以为

〔1〕李秀清：《联邦制的理论和实践在近代中国》，载氏著：《所谓宪政：清末民初立宪理论论集》，第136页。上海人民出版社，2012年。

全国之楷模在此，所以树本省之基础者在此。将来制定中华民国宪法时，有所根据。”[1]

《湖南省宪法》的总纲在规定湖南省的地位时说：“湖南，为中华民国之自治省。”在草案中，《湖南省宪法》对于其只使用“宪法”而不使用“自治根本法”做了说明，认为宪法其实就是根本法，只是为了强调联省自治，所以就以省宪的名义，并非是要强调脱离民国、破坏国家统一。而且他们附带解释，北美各州和英国的殖民地，虽然不是独立国家，但也都有类似的“邦宪”。

1922 年 6 月，湖南省省长赵恒惕就湖南省宪的事情，征询康有为的意见；7 月，康有为做了长篇的回复，就联邦制和地方自治问题，更为简明地表达了他的意见，主要是批评 1920 年代蜂起之省宪运动。

首先，康有为依然强调，联邦制有很多种，但主要的强国均正由联邦制转向大一统的国家，而另有一些国家则因为分立而国力减弱，导致被吞并而灭亡，所以不能轻言模仿。对于中国来讲，虽然民国政府主

---

〔1〕 徐明谔等：《湖南省自治法草案》，载王建学编：《近代中国地方自治法重述》，第 492 页。法律出版社，2011 年。

张“五族共和”，但因为新疆和内蒙、西藏“久为外人馋涎”，所以倡言联省自治，就可能“永弃西北万余里地”。对于“自治”，他说：“号为自治者，必人民有权而后可。今省之广土众民类于国，军阀之专权行政，作威作福，实同小王，人民惟其生杀予夺，尚无法之可倚，更何自治权之可言。然则安得有省自治，惟有各省独霸立权专制而已。”〔1〕

在康有为看来，国人因不满于政府之作为，愤而主张分立，这是因噎废食。而以省为单位来展开自治，则不可行。因为中国一个省的面积往往与欧美一个国家相似，所以以省为建制实行自治实际是一种自欺欺人的行为。“盖全欧各国皆行自治，但只令县邑行之。法国者，共和最先进国也，其八十六州岂有联省自治、各定宪法之政体乎？以吾国今情，只可师法国，不能师美国也。自治之划地分区，只可行府自治，最大者为道自治，万不可行省自治也。大概国政宜隶于京师政府，民政宜隶于府县自治，划分各权，由国民大会酌定府县自治法而推行之。大举其要，细发其繁，则

〔1〕 康有为：《复湖南赵省长恒惕论联省自治电》，《康有为全集》第十一集，第209页。

两不失矣。”[1]

康有为早先所主张之“废省制”，很大程度上就是担心地方势力坐大后对于国家统一的损害，故而对于美国式的联邦制必然是加以拒绝的。他所能接受的地方自治是在“析疆”之后，即府州区域下的自治。这也是他勉强接受法国式自治的原因。其实，在康有为的内心深处，一直将德国作为一个典范性的国家。

在他看来，德国政府就是一个干涉型政府，政府倾力保护个人和群体的创业，同时以政府之力展开公共服务。他说：“德政府主干涉，而德人甚愿之。盖国争之世，虽有私人之发愤、大群之协力，更必有政府之保护，三者合而后事业成。若开矿、浚河、铁路、航路，皆赖政府之力。有谓德人异于法，不好民权自由，而上下得以相成。盖凡事皆贵调和，当民权自由盛极之世，上如标枝，民如野鹿，岂能和而与外竞争？方今新世不患专制，故德人上下合力，适以收效。德人此义，盖经各国许多变难，许多阅历，扶东倒西，流弊皆出，德人乃鉴观考察，去短集长而收其成。”[2]

---

〔1〕 同上书，第211页。
〔2〕 康有为：《德国游记》，《康有为全集》第七集，第459页。

德国人不好民权自由，或许是康有为的猜测，但德国采取了与法国不同的发展策略，在竞争之世，抑制民权的过度膨胀，所以收效甚大，发展迅速，将会超过法国和英国，成为欧洲的新霸主。

而德国之所以能成为欧洲之新霸主，关键在于统一的德国的形成。他说："俾士麦生当法国革命之世，全欧披靡，而德人尤感动之。革命之说烈于风火，不谈者几不容于世。而俾士麦不少畏众咻，独持尊君权之说于举世不为之日，且俾是时亦未得君也，而能百折不挠，尤可异哉！卒与威廉一德一心以成非常之业，而建此二十五联邦之议院也。向使俾士麦少惑时论，或不惑而怵之，则法、俄之分日耳曼诸小久矣，奚能合成强霸，而今兹国民皆受其休乎？破奥、法后，声威既盛，休兵不战专意抚绥，则公非虐用其民者也，不得已也。仰瞻魁垒，愿拜下风，九原可作，舍俾公谁与归？吾游欧美，各国人士多谓，君他日当为东方俾士麦，则吾岂敢。然政略之美，平生所慕。"[1]从文中清晰可见，康有为以俾斯麦自况，即要辅佐皇帝成就非常之业。即便威廉和俾斯麦的联合并没有善终，

---

〔1〕 康有为：《德国游记》，《康有为全集》第七集，第414页。

也并没有改变康有为将这个组合作为自己的理想。他对这个理想如此执著，以致不惜将光绪“想象”为圣明之主。

在德国模型的影响下，康有为认为理想的政治应该是明君专制下的立宪政体。这看上去有一些自相矛盾的政治体制，其实是其君主立宪制度的更为清晰的描述，换言之即古代贤能政治与现代法治的嫁接。

康有为认为，欧美的政党政治有其内在的困难，即党同伐异，难以真正地选拔全社会的贤能之士。他说：“盖政治之美，在用人得宜，久道而化成。各国皆政党执权，少能久，任未几，党败，旋即易官；且政党所用只限党人，或以私情义当酬报，或有畏惮不易扫除，凡此皆不尽得人者。惟既立宪法之后，而又一君专制，多历年所，故用人可久于其任，举事易期成功。且合一国之人而陶用之，尤为多数，又不待报其党私，有所用舍，无所惮讳，惟以公行之，惟才是用。故专制而为贤君，其政治易举而尤美，诚非政党所能比也。但贤君不世出而暴主多，校其得失，不若政党之稳固耳。”〔1〕康有为看到贤能政治对于贤者的依赖，

〔1〕 同上书，第443页。

相比之下，政党政治和议会政治虽然政治效率略逊，却是一个更为稳固的政治秩序。

康有为认识到，即使是一个英主，如果没有议院立法来限制他的权力，就会失之专横；如果没有地方自治来协助，就会政令不畅；如果没有新的传播手段，就不可能实现有效的统治。所以，一个好的政治体制，应该是立宪之后，议院成立，但君主依然有统制权。

现代国家必须具备两方面的功能，即对内治理和对外竞争的双重任务，这就需要探索一种新的政治模式，而不能只是模仿。政治体制的检验标准，并非其自由、民权的发展程度，而是实际上能否使国家走向富强。“夫政法无常，有类医方，苟能起病延年，自为良方善药，岂必人参之为贵乎？苟未至大同之世，国竞未忘，则政权万不能散漫。……吾固首倡民权而专主立宪者，非主专制，所不待言。但具虚心以研天下之公理，鉴实趾以考得失之轨涂，则德、法两者相形，足以供我之借鉴。遂觉德为新式，颇适今世政治之宜；而英、美亦若瞠乎其后者，微独法也。……今中国人士甫知美之民主、法之革命自由、英之立宪民权，皆争慕之，以为立极之理。岂知事变日生，新理日出，旧历已过，又为新历时代耶！"[1]熟悉康有为论说风格的人可以推知，他所做出的结论一般均以比较政治作为前提，而落脚点则存乎中国政治变革的可能性。所以，他对于德国的推崇，很大程度上是根据中国所处的发展处境和中国的文化传统而做出的，并非单纯地比较德国和英美法政治体制的异同。在他看来，威廉皇帝所推行的是君主掌握行政权的君主立宪制度，并通过集中权力的方式整合联邦，干预各邦的地方自治，这种由宪政返专制的"逆向操作"，使德国成为欧洲的最强国。[2]

现代中国政治的发展表面上并没有接受康有为"虚君共和"的方案。同样，在启蒙思潮占据政治正确的背

---

〔1〕 康有为：《德国游记》，《康有为全集》第七集，第444页。

〔2〕 由君主主导的立宪体系，梁启超曾经用"开明专制"来概括，并将之视为由专制转向立宪的过渡阶段。萧公权先生认为，这是康及其弟子的一种看法，"虽说有许多机构如委员会、议会、政党等分享权力，但权威仍集中于高层。这种安排有好处：有完好组织的近代专制政权可以试验各种目标，而不必付出不稳定的代价。"萧公权指出，这种主张，不一定能保证成功，而"康氏仰赖清帝以及士大夫官僚来医治他所诊断出的中国政治病，他必然要失望。他所争取到的一些人无能施展他的理想，而有权之人又拒绝接受。"（萧公权：《近代中国与新世界：康有为变法与大同思想研究》，第201页。江苏人民出版社，1997年）在我看来，在更为关键的新式知识分子的概念中，这种折中方案并不被接受，而满洲皇帝也难以建立权威，所以革命便不可避免。

景下，康有为所提出的国家一统与地方自治的关系也难以成为一种主流的政治叙述。但是，真实的历史发展却呈现出公羊义法中“实与名不与”的吊诡局面。也就是说，实际的国家体制发展以及“现代中国的中央地方关系并没有按照共和革命者的分省自立（以及联邦制）思路走下去，其变化轨迹更接近康有为提出的方案，即在重建中央集权的同时重视地方自治。共和革命者不仅仅是在‘五族共和’问题上放弃革命动员时期的主张而采用改良派的方略，在处理中央与地方关系问题上亦同样如此。历史的微妙之处在于，中国新一代共和革命者和建国者们在不同省份之间游走策动或者运动作战之时，通过征途中的另一种亲身‘游历’，明白了康有为所强调的一个重要事实，即中国本来已经是一个多元一体的整体，并不需要联邦制来为中国的统一提供额外、多余的动力。”[1]当下的中国依然面临着中央集权与地方分权之间的矛盾，在国家建构的问题上也依然要面对国家统一与民族区域自治之间的复杂形势，康有为的难题对于今天来说依然是一个难题。

---

〔1〕 张翔：《列国竞争、乡邑自治与中央集权——康有为海外游记中的“封建—郡县”问题》，《开放时代》，2011 年第 11 期。

“虚君共和”

民国后康有为对于国家政治体制的构想

民国成立之后，康有为给活动于各埠的康门政治力量写了一封信，在这封信的开头，康有为叙述了他自戊戌变法时期开始便一以贯之的政治主张，即君民共治、国为公有、立法议政等等。但是，康有为此信更为主要的目的是提醒康门弟子，如何应对新的政治格局。康有为意识到，辛亥革命的成功带来了“翻天覆地”的变化，其中最为重要的即是君主逊位，因而他主张，国体必须由往日的君主立宪转向民主共和。据此，康党的政治使命和活动方式也必须随之发生转变，积极参与民国的“建设”就成为康有为的组织目标：“今际破坏，虽吾党所不预，而他日建设，岂吾党所能辞?”〔1〕或

〔1〕 康有为:《致各埠书》,《康有为全集》第九集，第282页。

许，这场革命的成功并非康有为所希望看到的结果。不过，正如萧公权所说："我们不应忽视，尽管他对未成熟的共和表示疑虑不安，他曾诚恳地想帮助民国成功——'妄想'可以助其成功。"[1]

尽管在主流的革命史叙述中，康有为在民国之后的种种活动皆背离于时代的总体趋势，呈现出"保守落后"的特征。但是，康有为亦并非完全拒绝新的政治形态。只是基于对时势的评判，他认为共和制对于刚刚才由帝制国家转向民族国家的中国而言，并非合宜的选择。在他的内心深处，德国甚或日本式的强势政府，建立起统一国家，凝聚国民的力量而实现超越式的发展，才是中国应该学习的对象。这样的冷静思考显然与毕其功于一役的国人的焦急心态不相符合，人们期许以"共和"来解决中国所有问题的迫切心理和对于"共和"价值的迷信，导致康有为不得不以一种曲折的方式表达他的政治构想，在对这个构想所进行的描述中，康有为赋予其一个糅合了君主制和共和制因素的复杂名称——"虚君共和"。的确，康有为

---

〔1〕 萧公权：《近代中国与新世界：康有为变法与大同思想研究》，第226页。江苏人民出版社，1997年。

在论述这个政治构想的效用之时，存在许多逻辑上的矛盾之处，甚至存在不少价值和制度上的悖论。但是，在我看来，这亦正是他政治设计的魅力所在。在这些看似矛盾却一体成型的构想中，我们需要重新来梳理种种矛盾和悖论，而不能简单地被看似逻辑合理却实际存在着更多现实矛盾的那些体系所迷惑，从而才能体会到康有为“不惜身后名”而始终坚持其政治构想的原因。更进一步地，我们才能体悟到康的种种构想对于我们现在思考中国政治模式之可能性的意义。

一 “保全中国”与多元“共和”

1911 年，中华民国在辛亥革命之后宣告成立，成为亚洲第一个实行共和政体的国家。虽经历了 1905—1906 年间“立宪”与“共和”的激烈争论[1]，

〔1〕 据金观涛的考察，“共和”一词，在 1903、1906、1913 和 1915 年出现了四次使用高潮。1906 年主要是《民报》和《新民丛报》关于革命和保皇的争论，其中大量讨论“共和”与“立宪”的问题，而“共和”政体在当时是作为与君主制度相反的革命派的政治目标。见金观涛、刘青峰：《从“共和”到“民主”》，载《观念史研究：中国现代重要政治术语的形成》，第 269 页。法律出版社，2009 年。

但是与大多数西来之政治观念一样，国人依然在对何为“共和”的理解中充斥着诸多的似是而非或基于政治主张而产生的故意曲解，比如在翻译过程中出现的“民主”和“共和”之间的互用。[1]出于对美国和法国因民主共和而实现富强的仰慕，久困于帝制和殖民之祸的国人，希冀能借助“共和”而使中国成为富裕强大的国家。在这样一种对于“共和”的想象下，甚至连晚清以来因地方势力强盛而造就的各省各自为政的状况，都被比附为美国式的联邦

〔1〕 方维规指出，在19世纪的中国，人们并没有明确地区分“民主”与“共和”概念的区别，“鉴于Democracy一直存在不同的译法而且极不固定，加之它在传入中国的时候多半和政体相联，这就和Republic结下了不解之缘；又因为Republic在19世纪还没有较为固定的中文对应概念，在19、20世纪之交才较多的以‘共和国’译之，因此，‘民主’常常身兼二职：既有西方democracy的本来含义，又指Republic，甚至进入20世纪以后，用‘民主（之）国’对应Republic亦不属罕见。Democracy和Republic这两个西方概念在进入中国以后的很长一段历史时期内基本上是同义的，甚至进入20世纪以后，还有‘英国人之发明代议制民主政，即美国人所谓共和政者’之说。换言之，时人没有刻意用汉语明确区分这两个概念，给人的印象只是遣词造句或修辞上的区别而不是两个概念的界定和阐释。”方维规：《“议会”、“民主”、“共和”等概念在十九世纪的中译、嬗变与运用》，《中华文史论丛》第六十六辑（2001年），第72页。

制。[1]

有论者认为，以孙中山为代表的革命派，对“共和”的思考，主要集中于如何推翻帝制、推翻满族政权等领域，而对于如何建立糅合不同民族的现代中国、落实共和政治的原则，则并没有进行深入的思考，更没有形成一套可以实践操作的方案。“这样，民初的‘共和’成了一个略显含混的概念，越来越偏重于共和之‘名’，即无君的政体，却逐渐疏远了 republic 之‘实’，即公共精神的培养和宪政民主制度的完善。”[2]相比之下，康、梁对于“共和”制度却有着更为细致的了解。或许是基于对“共和”的复杂性的了解，他们对通过暴力革命的手段来实现共和的方式充满疑虑，着力主张在保全既有“中国”的前提下，推进政治改革。康、梁的思路有两个基本的前提：一是共和政体的建立是

---

〔1〕 高波说：“对于将天演比拟为不可抗拒的时代潮流的清末民初人来说，中国跃上泰西诸国也多尚未达到的共和政治（此时西方列强只有美国与法国是共和国），至少在心理层面暗示了中国在中西群竞中即使不能‘后来居上’，也至少开始‘预流’了。”高波：《从制宪到革命——张东荪对民二年政局的观察与批评》，载强世功主编：《政治与法律评论》第二辑，第 67 页。法律出版社，2013 年。

〔2〕 李忠恭：《晚清的“共和”表述》，载《近代史研究》2013 年第 1 期，第 20 页。

一个历史的过程，[1]二是共和政治的实施要以保全中国为首要目标，并要与中国的历史风俗建立起有机的联系。如果共和政体并不能有效地落实这两个前提，那么这个政体本身就值得怀疑。

具体地说，对于康有为而言，对政治体制进行选择的原因并不在于这个体制本身是否完美，而在于该体制是否符合当时的政治目的。而在民国初年，康有为最大的忧虑则是：清帝国确立下的领土和人口规模，如何能够不因以排满为号召的民族主义的兴盛而被分裂和割让，也即如何"保全中国"：

> 仆之素志，以为能保全中国者，无论何人何义，皆当倾身从之；苟不能保全中国者，无论何人何义，必不可从也。且夫中国者，兼满、汉、蒙、回、藏而言之；若舍满、蒙、回、藏乎，则非所以全中国也。此义乎，尤吾国人所宜留意也。[2]

---

〔1〕在1903年的《论语注》中，康有为以三世说来解释不同的政体的正当性，即据乱世为专制，升平世为立宪，而大同世是群龙无首的共和制。而在这个阶段，梁启超一方面介绍伯伦知理的国家学说，另一方面主张开明专制而反对革命派的"突驾"式的制度浪漫主义。

〔2〕康有为：《与黎元洪、黄兴、汤化龙书》，《康有为全集》第九集，第202—203页。

同样，也是在“保全中国”的政治目标下，康有为反对盲目模仿美国的联邦制，甚至主张废省，理由在于无论是联邦制还是行省制，都不利于中国凝聚成一个统一的国家。

对于当时大多数人以美国或法国作为共和政体之榜样的看法，康有为不以为然，他提出了自己对“共和”的理解。

首先，结合其公羊三世说，康有为认为，共和是比立宪更高一阶段的政体形式，符合儒家天下为公、选贤与能、群龙无首的政治理想，并强调自己曾以《大同书》来阐发此理。但是，这样的政体与当时中国的政治发展阶段并不甚符合，所以他将《大同书》隐匿不发。

其次，既然民国以“共和”为标榜，那么就需要厘清共和政体在历史和现实中的多样性存在。

在不同的文本中，康有为对历史和现实中曾经存在过或存在着的共和政体有过不同的概括。比如在民国成立不久即1911年11月9日致黎元洪等人的信中，说“共和之义，于古也六，于今也四，凡有十种”。他认为，历史上的共和政体“各有优劣，利弊互现”。其中，“周召共和”是为共和之始。而远古人皇氏九头纪、希腊雅典贤人议会、斯巴达二王并立、罗马三头之治、罗马世袭总统，皆为历史上之共和遗迹。

在康有为的论述中，他重视对现实中存在的共和政体进行概括。在此信中，他概括地说，世界上存在着四种共和政体：一是以瑞士为代表的议会共和制，这种政体实现了真正的多数人的治理，是共和政体的最佳形态。二是以美国为代表的总统制共和国，其特点在于公选一大总统来进行国家治理。三是虚属之共和国，以英联邦国家和奥匈帝国为例，皇帝只是名义上的领袖，实际上由议会治理国家。四是君主共和国，比如英国等国家。〔1〕

在1911年12月所作的《共和政体论》一文中，康有为又将法国和葡萄牙分别立说，于是“共和之义，于古也六，于今也六”〔2〕。在前列四种概括之外，他又于总统制共和政体中进行进一步区分，认为法国虽是议会选总统，总统却属于形式上的元“王”，而实质行政权力归属总理；葡萄牙也是议会选举总统，

〔1〕 康有为：《与黎元洪、黄兴、汤化龙书》，《康有为全集》第九集，第202页。

〔2〕 康有为：《共和政体论》，《康有为全集》第九集，第241页。

但总统拥有实际的行政权力。

在公共舆论对“共和”的普遍迷狂[1]的背景下，康有为要为他所坚持的政治主张进行合理的表述，并试图找到其合法性的来源。因此，康有为首先要做的就是要对共和制的复杂性和历史沿革做出分析，这有助于破除公众对共和包医百病的偏执。显然，康有为对“共和”多样性的种种描述，其核心的意图是要破除当时人们心中对于美国和法国共和制的迷信。

当然，康有为对于自己的政治主张坚信不疑。他认为君主立宪才最为适合中国的政治制度。即便是在辛亥革命之后，君主已不复存在，他亦依然认为一个“形式上”的君主的存在，对于承接清帝国的领土和人口仍然具有重要的必要性。民国初年，在“共和”已不可回避的前提下，他向当时的主要政治领袖人物提出了“虚君共和”的构想，认为“虚君共和”制度优于其他类型的共和政体：

> 中国乎积四千年君主之俗，欲一旦全废之，甚非策也。况议长之共和，易启党争，而不宜于大国

〔1〕康有为在《共和平议》中说：“吾国民之妄想共和也，如饮狂泉，若服迷药。”见《康有为全集》第十一集，第17页。

者如彼；总统之共和，以兵争总统，而死国民过半之害如此。今有虚君之共和政体，尚突出于英、比与加拿大、澳洲之上，尽有共和之利而无其争乱之弊，岂非最为法良意美者乎？天佑中国，事变最后，乃忽得奇妙之政体，岂非厚幸耶！[1]

很显然，虚君共和是要延续君主制之“习俗”，其目的一是要防止发生类似于南美洲国家因选举总统而导致的纷争，同时亦可防止在议长共和制下经常会发生的党派政治。从根本上来说，康有为所理解的政治，并非“分清敌我”式的争夺和制约，而是使各种政治力量如何协力为一个共同的目标而奋斗。因此，他所接受的“共和”观念，更多地着眼于各方政治力量的协同与和谐。他认为，在由君主制国家向共和制国家的转变过程中，其最重要的转变标识并非在于是否采用议会、政党政治的形式进行国家治理，而是在于国家是否为全体人民所公有。

与当时许多具有先见之明的“先知”们一样，康有为也看到中国正处于三千年未有之大变局中。如果

---

〔1〕 康有为：《与黎元洪、黄兴、汤化龙书》，《康有为全集》第九集，第203页。

说康有为具有超越于同时代其他人的“卓识”之处，是他对这个大变局的复杂性进行了更多的思考。他将这个大变局称为“新世界”的到来。对于中国而言，这个新世界与以往的无论是国际秩序，还是内部治理秩序都截然不同。“新世界”产生了许多此前在传统中国从未发生的全新变局，比如民族国家之间的争夺，君主、民主之别以及新教、异教之争，等等。在康有为看来，这些变化中，最为核心的转变体现在国家形态上，即国家由君主制之私有转变为“国为公有”：“国为公有之义，最先出自中国。《礼运》述孔子大同之义曰：大道之行也，天下为公。《论语》述孔子之言曰：舜、禹之有天下也，而不与焉。又曰：舜何为哉，恭己正南面而已矣。盖发明国为公有，则君主不与，惟恭己无为而已。盖据乱世小康，则国为君有；若平世大同，则国为公有。孔子陈三世之义，以备穷变通久之规，盖进化之大义，而遂为政治变革之第一大事矣。”〔1〕

由上文可以看出，在叙述方式上，康有为依然沿袭了公羊三世的大同小康之分别，然而其特意点出

〔1〕 康有为：《救亡论》，《康有为全集》第九集，第228页。

"国为公有"，其目的则是要摆脱对抽象的、理想化的政治组织方式讨论中所产生的争议。换句话说，如果实现了由"国为私有"向"国为公有"的转变，那么对于政治体制的讨论反而可以存而不论，从而化解"共和"与"立宪"水火不容的"成见"："若既得国为公有，则无论为君主、民主，为独立、半立，为同族、为异族，为同教、异教，皆不深计。"〔1〕

在康有为看来，判定是否"国为公有"的关键决定因素，在于君民是否共同受治于法律之中。康有为用立宪来解释"国为公有"："欧人言国为公有曰 constitution，……日人译之曰立宪，以明君民同受治于法律之中。质而言之，立宪国者，国为公有，君民共之；专制国者，国为君有，一人私之。"〔2〕当然，以立宪之义来解释"国为公有"的论述本身与"共和"的真实含义相去甚远，因为即便是同为立宪，其二者对于国家主权的规定也存在很大差异，这点从康有为在 1913 年积极参与宪法的讨论一事就可以推知。但是，很显然，康有为进行这样的概念辨析是故意为之的。

〔1〕 康有为：《救亡论》，《康有为全集》第九集，第 228 页。
〔2〕 同上书，第 228—229 页。

究其原因，只能是他要为自己心仪的君主立宪的政体保留合法性的基础。

如果以“立宪”来解释“国为公有”，那么，是否存在君主、是否实行共和便成为第二义的问题。康有为坚信：如果将君主制和民主制进行比较，君主制更有助于使具有超大国土面积的国家保持稳定。康有为从美国、欧洲和南美洲等各国经验中所得出的结论是：“今全球大地之行民主制而安乐者，只有美国、瑞士。”[1]但是，瑞士是一超小规模的国家，它的先进经验并不能对中国这样的超大型国家治理提供更多的借鉴意义，而美国通过总统选举而达到“国为公有”的经验则与其独特的宗教和文化传统，特别是清教徒和英国文化的深厚影响密不可分。因此，他们的国家治理模式，对于中国而言，并无实际的示范意义。

康有为试图提醒国人，包括法国在内，世界上的许多国家都曾因模仿美国的政治体制而引发长期的争

---

〔1〕 康有为：《共和政体论》，《康有为全集》第九集，第243页。康认为瑞士式的每事皆取决于公议的民主，“此惟瑞士之至小国能行之，若中国广土众民，百倍于瑞士，万机之繁冗，亦百倍于瑞士，若一一皆待公议而后行，则无事不败。可行于小国，而不可行于大国也。”前揭书：第242页。

乱。他经常引用的是墨西哥因竞争总统而导致了长达三百年的争乱，以此说明，如果在文化和政治环境还不具备的情况下，贸然实行总统共和制，只会给中国带来分裂和动荡。

不过，在民国初期的对于共和的乐观主义的想象中，君主制几乎与专制同义。所以，康有为对于君主制度的任何辩护都会被批评为是意图恢复专制。况且，以共和替代君主制已为时代之既成事实，如果康有为要试图对其所心仪的君主制进行合理的解释，那么，他除了要面临“政治正确性”的挑战之外，还要处理谁堪成为君主立宪政体中的“君主”这一更为复杂的问题。

就此，康有为发展出一套“虚君”的论说。与传统君主的最大不同在于，“虚君”只是一个象征性的存在，与具体的政事并无关联，它只作为国家的凝聚力符号和神圣性的标识而存在。〔1〕

〔1〕 康有为说：“立宪之君主者如神乎，故宪法曰君主神圣不可侵犯，尊之为神至矣。夫神者，在若有若无之间，而不可无者也。……孔子之作《春秋》，推王于天，盖天者在有无之间，以无为为治者也。明于是义，可以通欧人立宪君主之制矣。”康有为：《救亡论》，《康有为全集》第九集，第237页。

在前述康有为所罗列的各种关于共和政体的不同描述中，他将英国式的君主立宪描述成“君主共和”制。康有为指出，世界各国的立宪君主，有些依然可以行使任命首相的权力，有些甚至还拥有矫正议会决定乃至解散议会的权力。而英国等国的君主，则没有行政权力，实际上是“共和之虚君”。据此，康有为构建了从“专制君主”到“立宪君主”再到“共和君主”的三段式发展模式，并将他自己倾心的虚君共和制称为“共和之新体”。他说：“夫但以君主论之，则专制与立宪皆有之，岂不相近哉？以民权论之，则立宪与共和实至近，虽有君主，然与专制之政体实冰炭之相反也。若共和之君主，其虚名为君主虽同，而实体则全为共和。夫凡物各有主体，专制君主，以君主为主体，而专制为从体；立宪君主，以立宪为主体，而君主为从体；虚君共和，以共和为主体，而虚君为从体。故立宪犹可无君主，而共和不妨有君主。既有此新制，则欧人立宪、共和二政体，不能名定之，只得为定新名曰虚君共和也，此真共和之一新体也。”〔1〕

---

〔1〕 康有为：《共和政体论》，《康有为全集》第九集，第247页。

康有为想要弥合君主与共和不能共存的二元论，并认定这样的政体恰好最适合于中国，其理由之一在于中国比英国拥有更为长久的君主传统。他说：“中国乎积四千年君主之俗，欲一旦全废之，甚非策也。况议长之共和，易启党争，而不宜于大国者如彼；总统之共和，以兵争总统，而死国民过半之害如此。今有虚君之共和政体，尚突出于英、比与加拿大、澳洲之上，尽有共和之利而无其争乱之弊，岂非最为法良意美者乎？天佑中国，事变最后，乃忽得奇妙之政体，岂非厚幸耶！”[1]

康有为对于“虚君共和”这样的“奇妙”政体的推崇，完全是出于对革命党提倡的民主共和政体的怀疑。康有为所要特别考虑的是，在超大规模国家交通和通讯皆不发达的现实下，能否借助传统的意识资源建构出统一的国家的意识？而无论是革命党的排满口号，还是共和与联邦之间关系的讨论，都让康有为担心会造成国家的分裂。

康有为的策略也充分考虑到国民追求新的政治格局的心理需求。“虚君共和”从“名”的意义上符合

〔1〕 康有为：《共和政体论》，《康有为全集》第九集，第248页。

国民对于共和政治的向往，而“虚君”[1]则可以减少甚至排除人们对于专制的联想。那么，他是如何解决谁有资格作为“虚君”的难题的呢？

> 以中国四万万人中，谁能具超绝四万万人而共敬之地位者，盖此资格，几几难之，有一人焉，则孔氏之衍圣公也。
>
> 夫衍圣公乎，真所谓先王之后、存三恪者也。以为圣者之后，故其恪久存而永不绝，其公爵世家，历二千四百余年。合大地万国而论之，一姓传家，只有日本天皇历与之同，其无事权而尊荣亦略同，又皆出于我东亚国也……然且衍圣公为先圣之后，人心共戴，其为中国万世之系，比日本天皇尤为坚固矣。且立宪君主，实非君主而大世爵耳，不过于公之上加二级为皇帝耳。孔子尝有尊号曰文宣王、文宣帝，衍圣公不过加二级，袭此文宣帝之爵号耳，仍是大世爵也。

---

〔1〕康有为曾述“虚君”的好处时说：“有虚君，则不陷于无政府之祸，一善也。无美洲争总统之乱，二善也。无法国之总统、宰相政权，致百政不举之失，三善也。总理居摄无道，国会可去之；若其有道，可久留，四善也。”康有为：《汉族宜忧外分勿内争论》，《康有为全集》第九集，第268页。

> 夫立宪君主，既专为弹压不争乱而立，非与之事权待其治世也，诚合乎奉土木偶为神之义，则莫若公立孔氏之衍圣公矣。孔氏为汉族之国粹荣华，尤汉族所宜尊奉矣，舍孔氏亦无他人矣，主民族革命者，应亦同心而无词矣。[1]

在对虚君人选的考虑中，康有为对衍圣公的倾向，无疑是因其最具有文化历史的合法性。但，如将衍圣公作为虚君，依然存在严重问题：即一个由少数民族（满族）建立的帝国的遗产继承者，如何面对拥有不同信仰体系的民族的多样诉求？对此，衍圣公所对应的汉族文化的特性存在着致命的问题，即如何处理儒家价值与多元民族国家之间的矛盾？

当然，对于康有为而言，此追问亦早已不是什么新问题了。此前，他所提出的孔教国教论，也遭到了

〔1〕康有为：《救亡论》，《康有为全集》第九集，第237—238页。当然康有为在给黎元洪等人的信中也表达了衍圣公之符合汉族之人心，而可能不符合蒙、回、藏等族人心的担忧，认为为了一个象征性的君主，而丧失大片土地，殊为不值。但在信中他并未明确表示他的理想人选，但从后来他支持张勋复辟，并经常提及迎立外族为君主的欧洲经验的情况看，康有为依然支持以废帝作为“虚君”。见康有为：《与黎元洪、黄兴、汤化龙书》，《康有为全集》第九集，第212页。

同样的非议：

> 虽然，衍圣公之尊为帝，合于汉族之人心矣，惟虑非所以合蒙、回、藏诸族之心也，则彼拥旧朝而立国，必且托保护于俄，终则折而入焉。果若是，恐失三千四百万方里之地，且增北顾之忧矣。夫蒙、回、藏之地，几三倍于中华内地，且有千数百万之同胞焉。为争一冷庙木偶，而弃三倍内国之地与千数百万之同胞焉，物价太不值也，甚非策也！若尊为监国则两无碍矣。存皇帝之大世爵，而一切不相关，以保全蒙、藏，岂非策之至哉！[1]

于是，康有为认为，如果仅仅只保留满清皇帝的爵位，而使之成为新成立的中国之名义上的“君主”，以此来换取蒙、满、回、藏对于国家的归属感，是一个特别合算的策略。为了使深受排满革命影响的国人接受这样的思路，他甚至搬出欧洲国家历史上经常发生的迎立外国人为王的例子，来说明令一名逊帝来担任这样一个虚衔的可行性。他认为，这个方案中最大的优势在于，逊帝这样一个与各派政治势力皆毫无瓜葛的人可以避免陷入权力争斗之中。他说：“盖国为公

〔1〕 康有为：《共和政体论》，《康有为全集》第九集，第249页。

民所有，王者不过一乾脩君衔、名誉总理，不关轻重故也。其不立本国人为王也，……若立外国人乎，于国人中绝无党援，但寄虚位，则无争篡之祸也。"〔1〕

他进而设想了将逊清帝改造成"虚君"的步骤，包括改汉姓等等："今皇帝照诸欧例，在资政院宣誓入中华籍，并改汉姓，则与清朝无关。如此虚君，不必改作，亲贵爵禄如故，其他一切典礼经费居处，国会有全权，可随时议而进退之。今无烦细及之，以生支离。但若此而可易三千万里之蒙、回、藏，岂不善之善乎?"〔2〕或许我们可以质疑，是否将逊帝尊为虚君之后，就一定能够保全中国，但是，在"帝国"体系解体之后，思考帝国权利和责任该如何转移和继承到新的"民族国家"之中，这的确是晚清政治变革中最为核心的问题。

二 "虚君共和"与"霸国主义"

康有为希望保持虚位君主，并认为清逊帝亦是可

〔1〕 康有为:《救亡论》,《康有为全集》第九集，第235页。

〔2〕 康有为:《汉族宜忧外分勿内争论》,《康有为全集》第九集，第267页。

以接受的人选的这一政治设计思路，使他与民初复辟派的叙述路径汇而合流。虽然他也反对袁世凯复辟，并且反对恢复君主的独尊地位，但是，这些种种与时代不谐的差异，加上他对共和制的“名与实不与”的做法，终于使他成为新文化运动的主要对立面。

复辟派并非一个严格的政治团体，其中既有因忠君思想而依旧保持对清王朝忠诚的群体，也有如康有为那样，只希望以清逊帝作为虚君的群体，其间的诉求并不相同。不过，也总会有一些共同的声音，使得在试图通过对“共和”的另解来维护君主政体的方案中，康有为不至于成为孤例。

劳乃宣在1911年冬所作的《共和正解》就是试图从中国历史上“共和”一词产生的历史原委来解释“共和”政体应是君主立宪而非民主制度。他说，共和之“本义为君幼不能行政，公卿相与和而修政事，故曰，共和乃君主政体，非民主政体也。……与今日东西各国所谓君主立宪绝相似。而不学之流，乃用之为民主之名，谬矣。夫君主立宪，有君者也。民主立宪，无君者也。古之共和明明有君，乌得引为无君之解哉。今天下竞言共和矣，若依共和本义解之，则今日颁布之君主立宪政体，正与周之共和，若合符节也”[1]。很显然，这个所谓的“正解”亦是在共和已经成为一般人的政体共识的背景之下展开的，并且充分利用了国人对于周召共和的历史记忆。劳乃宣由此得出的结论与康有为的主张十分相似，认为不能因为少数人提倡民主而贸然行之，必须意识到君主制才更为符合国人的心理习惯。

在劳乃宣看来，若无君主则无以构成一种“正统”。况且，既然“立宪”之实质已经构成了对于君主权力的限制，因此就无须再担忧在绝对君主制度下产生无边界的君主权威。“若夫正解之共和，则君主居正统之名以镇服天下之人心，政府握大权之实以担负行政之责任，又有国会处于监察之地位，使不致有跋扈之虑，……吾愿今之言共和者，恪守正解以维君统而奠民生，勿为谬解所误，致蹈无君之愆而贻民生之戚则幸甚矣。”[2]劳乃宣的说法强调了历史合法性的面向，然而此论一出，却恰好为复辟势力张目。但是，无论如何，民国复辟势力的凝聚亦反映出当时一部分

---

〔1〕 劳乃宣：《共和正解》，见《桐乡劳先生（乃宣）遗稿》，第141—142页。文海出版社有限公司影印，1969年。

〔2〕 同上书，第145页。

国民对于共和的失望心情。

出现对民国的不满、对共和担忧的情绪也并非偶然。民国初期，政治十分混乱，共和危机日渐显露。因而在1914年6月，劳乃宣作《续共和正解》，宣称其反对少数人革命的原因在于推翻君主而行民主，这会使所有人都有做总统之想，必然会带来社会的动乱，他援引了辛亥革命后三年的政治现实来证明这一论断。他甚至还责备袁世凯没有与清王室实行君民共治的“共和”政体：“项城天下才也，而其心则不能为天下所共谅，使其于汉阳克复之时，下武昌、救金陵，乱党不足平也。勘定之后，尊王室秉政权实行正解之共和，以安天下，岂不赫然与周召比烈哉。计不出此趣，取大物何以自解于天下后世乎?”[1]文中还说，当袁世凯两任总统的任期结束之后，逊帝正好年满十八岁，袁世凯便应当模仿周公还政于召公的例子，将权力交还给宣统皇帝。

劳乃宣与沈家本在晚清时期曾就新刑律是否应考量习俗的问题展开过激烈争论，而这次所着力的“共

---

〔1〕 劳乃宣:《续共和正解》，见《桐乡劳先生（乃宣）遗稿》，第147—148页。

和”与“民主”之争，亦自有其学理的基础，并非单纯的感情用事。在劳乃宣另一著作《君主民主平议》中，对这两种政体的内在理路及与中国的国情之抵牾之处产生了类似于康有为式的认识。他提出古希腊之所以能成为民主之发源地，是因其统治之区域狭小，“迨扩为大国，即不能不变为君主矣。盖人少而后选举易公，地小而后众情易达，非广土众民所能推行无弊也。惟北美联邦区域颇大，亦能行民主之制，则以美之人民皆英之中流以上人物，因教争而迁往者。人人具有法律知识，非他国智愚灵蠢杂然不一之民所能及也。近者南美诸国，亦效法北美改为民主，然每易总统一次，战争一次，日寻干戈至今未已，反不如往昔为欧洲君主国属地之安全。则以人民程度不及而妄欲效颦之所致也。”〔1〕他对于南美国家因模仿美国制度而导致国家陷入混乱的教训的重视，亦是当时人们质疑共和制度是否具有普适性的体现。

的确，就在人们为辛亥革命的成功、共和政体的建立而欢呼之时，也有许多人一直在警示，新中国之

〔1〕 劳乃宣：《君主民主平议》，见《桐乡劳先生（乃宣）遗稿》，第158页。

“建设事业”的难度要远远超过借助民气而达成的破坏之功。[1]而因民国初年的政局所形成的共和危机，使康有为对他自己的政治主张产生了更为坚定的信心。

康有为除了对“共和”政体进行多样化的思考外，尤其对于如何进行共和的建设展开了更为细致的思考，这样的思考决然不是用简单的“试图复辟帝制”和“回报帝恩”等解释所能说明的。

在康有为看来，革命派的目标之所以能迅速获得成功，其原因是多样的。在种族主义呼声的鼓荡下，民众愤怒于政府之无能、作恶，于是南北合力，清政府应声而倒。然而，辛亥革命既标榜为“共和”革命，那就并非对以往历史的改朝换代的简单重复，而是对三千年未有之变局的整体性回应。“今兹之革命，非止革一朝之命也，实革中国数千年专制之命也。今兹建设共和也，于数千年之中国书传无可考，法典无可因，礼俗无可守。”[2]在这样的意义上，共和建设就不能仅仅依赖于政府，而必须人人有责。因此，如

---

〔1〕梁启超：《新中国建设问题》，见沈鹏等编《梁启超全集》，第2443页。北京出版社，1999年。

〔2〕康有为：《共和建设讨论会杂志发刊词》，《康有为全集》第九集，第289页。

何建设共和国家，则需要进行更为仔细的探索。

康有为说，国人均迷信共和能解决中国需面对之问题。但若要问共和之真义，人则多惘然。有人以为人人自由平等、不复有伦理纲纪就是共和；亦有人认为分立自治、无须纳粮交税，即是共和。即便认识具有如此巨大之差异，人们却仍对共和持一种普遍乐观之态度，认为一改共和，即可得欧美之富强。但实际的情况却是：共和国家的建设，首先需要具备的就是道德、政治和物质等数方面的条件的配合。

早在1904年前后，康有为就对忽视生产能力的提升和物质财富的积累，仅凭政治理想来鼓动社会革命的做法提出了质疑，从而写下了《物质救国论》等作品，目的就是要破除人们简单地将欧美的进步原因归结为制度的优越，而忽视了这些国家所具备的物质条件的视野。民国之后，面对人们对于共和的"虚妄的"理想化期待，他依然警示必须时刻关注实现共和的条件。"夫共和之运至难，其本体在道德、政治、物质三者之备，而后能行之，非曰吾标共和之名，即可收至治之效也。今吾国以共和为名，而纲纪荡尽，教化夷灭，上无道揆，下无法守，一切悖理伤道、可骇可笑之事，万百亿千，难以条举。今已夷然为无政府之国，贼民并兴，共争共乱而名曰共和也。”[1]共和政治使人人拥有参与政治活动的可能，那么也对国民参与政治的能力和道德素养提出了新的要求。同时，选举活动所需要的交通配备亦是必须具备的：“夫共和之制，与国民共治之，须国民知识通、道德高，道路交通，然后易行也。若我中国，广土众民，各国无比，难遍逮下，一难也。穷乡僻壤，极边异域，民多愚塞，渺不知政治为何物，二难也。铁路多未设，汽船多未达，山川阻深，道路隔绝，三难也。又经大乱，纪纲扫地，法律全废，廉耻弃绝，道德衰弊，四难也。”[2]

康有为尤其强调共和政治与道德之间的关系。在他看来，既然共和政治崇尚自治，那么国民就需要具备自我约束的能力。“盖共和自治者，无君主长上之可畏，则必上畏天、中畏法、内畏良心；有此恭敬斋戒之心，然后有整齐严肃之治。”[3]康有为也援引孟德斯鸠的学说，特别引用英人勃拉斯的《美国平民政

〔1〕 康有为：《忧问一》，《康有为全集》第十集，第22页。

〔2〕 康有为：《中华救国论》，《康有为全集》第九集，第322页。

〔3〕 同上书，第325页。

治》一书中的观点来说明：美国人之所以能建立完满的民主秩序，原因在于其国民所具备的恭敬、爱法、守法的精神。由此，对国民之道德素质的重视，要更重于制度上的巧妙设计。

共和政治的前提是君子人格的养成。康有为认为，如果人人都是君子，那么政府就没有必要存在了。但是，如果并非每一个人都有君子之行，那么政府和法律就成为社会运行之必须，由此，自由和权力就需要被限制："若其国民由士君子而化为暴民，则所谓民权者，徒资暴民之横暴恣睢、隳突桀颉而已；所谓平等者，纪纲扫尽、礼法荡弃而已；所谓自由者，纵欲败道，荡廉扫耻，灭尽天理，以穷人欲而已。以若是之俗而为共和，则是附虎以翼，添火以油，共争共乱，岂复可言哉？"[1]康有为对自由和平等的批评，虽然不尽合理，但也并非完全不符合当时人们对于自由和平等的理解。

而如何才能培植对道德的敬畏之心呢？康有为认为，礼俗和宗教的力量十分巨大，政治制度或可以移

---

〔1〕 康有为：《问吾四万万国民得民权平等自由乎》，《康有为全集》第十集，第145页。

植，道德和礼俗却必须植根于自身的传统中才能获得新的生命。因而，他坚持政治变革不应将中国数千年的教化“尽扫而弃之”。“夫将欲重道德之俗，起敬畏之心，舍教何依焉？逸居无教则近禽兽，今是野蛮之国，犹有教以训其俗，岂可以五千年文明之中国，经无量数先圣哲之化导，而等于无教乎？今以中国之贫弱，及前清之失道，人民慕欧思美，发愤革而易其政可也，然岂可并数千年之教化尽可扫而弃之？”[1]制度即便可以模仿，道德意识的建立却不能完全脱离已有的教化准则。

康有为从教化引发出对于“国魂”凝聚及建立孔教会的思考，这需另文讨论。此中值得关注的是康有为对于风俗和政治，乃至现代性与本土性的反省。康有为借助卢梭和孟德斯鸠对于风俗的讨论，指出制度的形成必有其历史的渊源。因此，建设新的制度要与地方性和本土化的因素相结合，认定政治体制不能够脱离具体的情景而发生作用。脱离本土情景的制度移植，不仅会使制度运行产生变形，而且还会产生经济上的不良后果，对习俗的破坏更会带来对社会经济体

---

〔1〕 康有为：《中华救国论》，《康有为全集》第九集，第325页。

系的破坏。康有为举例说，在民国的新礼制中，中国人用西式的呢绒来做礼服的原料，那么将会对全国原有的“衣履冠带之肆”以及连带的丝绸产业造成毁灭性的后果〔1〕，因此，这样的“革命”非但不能富民强国，反而会使百姓失去生计之所赖。

康有为认为，任何制度的引入不能照搬原文，而必须有所损益。他痛心国人普遍以西方为准则的思想方法，演化出国人舍弃自家之传统而以西方之是非为是非的盲区。“凡出欧美者，不问得失，虽臭腐亦神奇之；凡出于中国者，不问美恶，虽前圣亦攻弃之。此非只革清朝命也，实革中国五千年之命矣！彼岂有所知而损益哉，惟有心昏神下、奴媚之而已。吾久游欧美十余年，凡欧美之美善，有补于中国者，吾固最先提倡取法之。然吾之采法，集思广益，去短取长，以补中国而已，非举中国数千年文物典章而尽去之也。且师欧美乎，彼亦国国不同，将何师？且吾不有善于彼者乎？今乃不问是非，惟中国是弃，惟欧美是从。若此何难？”〔2〕

---

〔1〕 康有为：《中华救国论》，《康有为全集》第九集，第313页。

〔2〕 康有为：《共和平议》，《康有为全集》第十一集，第35页。

康有为在流亡期间，亦深为忧虑革命所可能造成的破坏性，这还引发了康门与孙中山、章太炎等人之间关于“革命”与“改良”的论争。辛亥革命成功之后，康有为并没有停止对革命的反思，只是关注点由“革命”与“改良”转变为“革命”与“建设”之争，从而对革命的目标和手段进行了新的评说。

在民国之后的一系列文章中，康有为辨析说：伴随着新世界的出现，革命的含义亦发生了转变。以往革命之意义比较侧重于移朝易代，但近世的欧洲革命已经不再以推翻君主制度为目标，而是以实现国为公有为目标。他批评说当下中国所进行的民族革命，却没有跳出传统革命的窠臼，而应该将革命的目标由推翻君主、排斥异族转向为建设立宪国家。

对于革命派学说中最为核心的民权、自由和平等的思想，康有为着力要指出这些学说所可能带来的副作用。他认为，自由和平等，会给人以推翻现存秩序的冲动，“且倡革命者，必以民权自由为说，公举民主官吏为言，近引法、美，切乎时势，合乎人心，当水深火热之余，非不信之望之。夫民权自由之与民主，分而为二者也。欧洲十余国皆有民权，皆能自由者，除法国共和之外，余皆为虚君，然则必欲予民权自立，何必定出于民主乎？革命未成，而国大涂炭，则民权自由且不可得也。然则革命者之言民权自立，不过因人心之所乐而因以饵之，以鼓动大众、树立党徒耳。假令革事果成，则其魁长且自为君主而改为压制之术矣。”〔1〕在戊戌变法前后，康有为一度曾是民权自由的倡导者，只是那时康的民权和议会思想主要之目的是“上下通”，即让最高统治者能够准确详细地了解民情，而不是西方现代政治意义上的民权和自由。而民国之后，康有为却发现民权和自由对传统的秩序造成了摧毁性的影响。因此，他反而后悔曾经提倡民权，转而强调“国权”，即强调如果没有一个强大的国家作为支撑，民权和自由便无从谈起。〔2〕

从康有为对“革命”之目标的重新厘定，我们可以看出，康有为提出“虚君共和”制的真正目的是以

---

〔1〕 康有为:《共和平议》,《康有为全集》第十一集，第63页。

〔2〕 梁启超在《南海康先生传》中说:“中国倡民权者以先生为首，然其言实施政策，则注重君权。以为中国积数千年之习惯，且民智未开，骤予以权，固自不易；况以君权积久，如许之势力，苟得贤君相，因而用之，风行雷厉，以治百事，必有事半而功倍者。故先生之议，谓当以君主之法，行民权之意。若夫民主制度，则期期以为不可，盖独有所见，非徒感今上之恩而已。”夏晓虹编:《追忆康有为》，第31页。中国广播电视出版社，1997年。

虚君作为国家的象征，以期达到凝聚国民的精神；以强力政府来主导行政，以期消除不必要的阻力，使国家建设能够顺利展开。在他看来，惟其如此，人民的权力、国家的富强才能真正得到保证。这种国家至上的观念，一方面来自于他所理解的德国经验的启发；另一方面，也是更重要的方面，则是基于他对于国家功能的理解，即无论采用何种政体，国家首先要必须保证对外独立、对内有权威。惟其如此，政府才能够行使其行政能力来完成国家的建设任务。

康有为认为，在大一统和列国竞争的世界格局下，国家之间所要比较的是国土的完整和人民的富足、兵力的强劲，而不在于采用什么样的政治体制。所以，如何保全国家，使国家富强才是政治的第一要义。“夫政治之体，有重于为民者，有重于为国者，《春秋》本民贵、大一统而略于国，故孟子曰：民为贵，社稷次之。盖天下学者多重在民，管、商之学专重在国，故齐、秦以霸。法共和之时，盛行天赋人权之说，盖平民政治，以民为主，故发明个人之平等自由，不能不以民为重，而国少从轻也。及德国兴，创霸国之义，以为不保其国，民无依托，能强其国，民预荣施，以国为重，而民少从轻。夫未至大地一统，而当列国竞争之时，诚为切时之至论哉。”[1]康有为继续申说，日本就是因为采用了以国为重的策略，国家才得以迅速富强，而即使是作为共和制的代表国家——美国，也越发强调国家干预的重要性。

政治有内外之别。在一个弱肉强食的国家秩序下，中国要生存于其中，就必须对政治的目标有所选择。美国和法国的宪法最看重的也是人民的身体之自由权和财产的安固权，尤其“政府自人民而起，本人民之意志，因人民之幸福而设立，其唯一之正的，在保护人民，使享有生命自由财产。此数语乎，真共和国之天经地义矣!”[2]但反观中国，却是“号为共和，而实共争共乱；号为自由，而实自死自亡；号为爱国，而实卖国灭国”[3]。由此可见，如若没有一个强大的国家，人民的生命权、财产权及政治权利，就成为无本之木。

“霸国”的落实在于实现一强力政府，“举是大政，不能不望之强力之政府矣。……一家一肆，必有主权者以指挥之，事乃克举。所以易君主者，为其专

---

〔1〕 康有为:《中华救国论》,《康有为全集》第九集，第310—311页。
〔2〕 同上书，第311页。
〔3〕 同上书，第312页。

制而世袭，其有不善，须大流血以危国家，故害大而去之耳。若未修举百政，黜陟群司，兴利除害，以为国利民福者，不能不付权于政府以行之。故国无论君主民主，未有不中央集权也。所与专制异者，以国会立法以分其权，而未有以地方各立为分权者也。"〔1〕而对于联邦制和地方宪政的大力提倡，只会削弱政府的统制力，这是康有为所坚决反对的。

在议会制度下，强力政府要实施治国之权，必须要依赖于政党内阁的主持。因此，康有为不仅欲自己成立政党，而且在他的孔教会构想中，本身就有借助信仰而吸收党徒的意味。〔2〕不过，对于民国成立之后政党林立的局面，康有为很是不满，他认为政党数量过多，会导致难以形成共识。所以，一个国家之内，理想的状况是只存有两个大的政党，如此则一是可以形成决策上的行动力，二是可以存在一个真正的监督和批评者。

---

〔1〕 同上书，321 页。

〔2〕 康有为在给陈焕章的信中说："今为政党极难，数党相忌，以任之力，半年而无人手处。弟海外新还，始附党末，我始为仆，几时树勉难矣。昔弟在美，以行孔教为任，研讲深明。今若以传教自任，因议废孔之事，激导人心，应者必易，又不为政党所忌，推行尤易。"《与陈焕章书》，《康有为全集》第九集，第 337 页。

三 《拟中华民国宪法草案》对于"共和"的曲折批评

在对于共和的疑虑和对强力政府之期许的双重因素的交织下，进行一种制度化的设计，是实现康有为期望的最大保障。对于并不处于权力核心的康来说，最接近其期待的就是制订和颁布一部符合自己政治设想的宪法。

康有为认为，自晚清以来，法律制度的改革均偏离了"宪法应该成为国家富强的保障"这一核心目标。在此期间所推行的法律变革对于国家发展的核心事宜诸如理财、外交等问题存而不论，反而经常在社会习俗的层面纠结缠绕。"晚清资政院甫开议，不注意于理财、练兵、外交数大事，以为富强之计，而辄先议室女可和奸而无罪、子壮可背父独立二事。夫二事者，今姑勿断其得失是非，然风俗之事，欧美议坛所不敢轻提议者，以行之数千年，化民成俗，既与国无关，则不敢反其民之风气事势，逆其性情，悖其利害之势，以定为法律也。"[1]他所言的"和奸"和"背

〔1〕 康有为：《议院政府无干预民俗说》，《康有为全集》第十集，第24页。

父独立”等问题，曾引起过劳乃宣和沈家本等人的激烈争议，被认为是新法律对于传统伦理规范的最大挑战。但是，康有为认为，这样的立宪活动既曲解了政治之本质，也超越了议院之权限，更是违背了共和之精神。“共和之为政，以人民为主，以人民的权利为基础，以人民之生计、安宁、幸福为宪法之祖本，非有犯公众之安宁，乱公众之秩序者，例不得问焉。”〔1〕法律之目的本应在于保护社会的安宁，但中国的法律变革却反而导致了社会规范的混乱，从而更不利于地方秩序的保护。

康有为认为，宪法精神的失误完全起因于宪法制定程序中的纰漏，尤其是编制者不顾国情而盲目照搬西方的法律原则，使得这样的宪法即便颁布了也不会具有可操作性：“吾将望立良宪法，慎起草以维持之。今之学者，皆谓欧美以法治国，而吾中国不能以法治国也。欧美各共和国，皆善其成文之宪法，而吾中国未定宪法也。南京临时宪法，则不过十数都督所举一二私人为之耳，与全国四万万之民意无与也。”〔2〕康

---

〔1〕 同上书，第26页。
〔2〕 同上书，第32页。

有为认为，脱离民情的宪法必然不会产生实际的可操作性，因为“盖天下之言空理者不如行成法，执文法者不如用权势，而势之成败则有天命焉；盖惟天胜势，而势之胜法、法之胜理久矣”[1]。

在康有为的思考中，宪法的重要性在于，其一方面可以改变国家的属性，即通过制定宪法，而使原先国为皇帝私有的局面转为“国为公有”；另一方面，宪法对于权力的制约，目的是改变晚清政府软弱无力的状况。于是，通过权力的划分，可以建立起有效的合作架构，从而保证国家的主权得到实现，人民的生命财产得到保护。在这样的思路下，康有为所拟议的宪法草案尤其体现了对民意的强调以及对政府权力的平衡，并最终强调了强力政府的重要性。

1913 年，在中华民国宪法编制的过程中，康有为撰写了《拟中华民国宪法草案》来系统说明他的立宪原则，其实就是要将他自民国以来对共和的疑虑和对于君主立宪的倾向用“法律”的方式加以呈现。

在宪法草案中，最值得关注的是康有为对于国体和政体问题的思考，这些思考大多是他在民国之后对

---

〔1〕 康有为:《议院政府无干预民俗说》,《康有为全集》第十集，第32页。

于共和问题的反思与整理。

康有为认为，理解一个国家是不是现代国家的核心，在于国为公有或国为私有。对晚清以来以专制、共和这样的政治组织方式来区分国体的做法，他提出了批评："今之言国体者，曰专制，曰立宪，曰共和，盖发自希腊阿里士多图，而孟德斯鸠大明之，吾则大不以为然。夫不明析公有、私有之大辨，而徒言专制、立宪、共和之等差，则于事理未明辨也。夫固有私有之国体而兼专制、立宪、共和三义者，亦有公有之国体而亦兼专制、立宪、共和之三大义者矣。"〔1〕这段话意在说明，即使中国要成为共和国家，亦非只有责任内阁制或总统制这两种方式可以选择，同样，君主立宪制也可以成为供选择的选项。在举国以美国和法国为范例的氛围中，康有为对英国情有独钟，其理由不外乎认为英国革命是在通过平和的方式剥夺了君主权力的同时保持了英国国王的爵位。康有为将英国这样的存虚君且有爵之国称为"共和爵国"，而非"君主立宪"国。他说："盖君主立宪国与共和王国之别，视有统治权、立法权与否也，英王既非统治权之总揽

〔1〕 康有为：《拟中华民国宪法草案》，《康有为全集》第十集，第39页。

者，而立法权属于国会，且因议会政党之势力发达，国王虽有任免国务大臣之权而不能实行，不过徒存王者之礼与名而已，安得为真君主也，非共和而何？”〔1〕这样的曲折表达，无疑意味着康有为依然接受并支持共和之名号。

康有为之所以要把英国列入“共和国”之列，主要是因为他认为英国的宪法是共和宪法之源头。而其保留君主的方式，与他心目中的虚君共和政体最为相符。康有为指出，目前各国宪法大义的源头是英国的不成文之宪法，在英国宪法的基础上逐渐形成了国为公有的原则，并最终为法国和美国所移植。所以，中国“不立宪法则已，若立宪法，无论君主民主，终不能离英之宪法也。英为大地宪法之祖，万国宪法之师，为宪法变化之极，民权过于美、法，名有君主，实则伴食画诺，而为真共和国”〔2〕。在康有为看来，中国

---

〔1〕 康有为：《拟中华民国宪法草案》，《康有为全集》第十集，第48页。

〔2〕 同上书，第40页。康有为指出宪法的核心精神，就是制约人主专制，防止其私有其国。与一般将礼视为中国的宪法不同，康有为认为《春秋》才具有宪法意义，只是清朝之后人们逐渐以上谕取代经义，而孔子之宪法失效。见康有为：《拟中华民国宪法草案》，《康有为全集》第十集，第38页。

要制定宪法，一定要先了解英国的宪政原则，再折中其他的共和宪法，才能制定出符合中国实情的宪法。

在已有的共和宪政中，瑞士采取的是多数公决的制度，最符合民权之真义，是共和之极轨。但是，这样的体制只适合小国寡民，在大国中则难免运转不灵。康有为尤其对当时国民所倾慕的美国宪法的可移植性提出了疑问。他觉得美国的国民公举总统之法也仅仅只有美国能实行之，况且选举耗费巨大，别的国家也很难效仿。因此，美洲师法美国政治制度的二十共和国，无一不大乱。康有为尤其谈到美国联邦宪法的独特性是基于其国家成立的历史，而非故意合而散之。“夫凡自合而分者，必其国势凌夷，贫弱已甚，中央不能吸集地方之权，而不幸致分，非谓其政体之美而宜行也。”〔1〕在康有为看来，当时的中国已经形成军阀割据的局面，如果不实行中央集权，则极其容易导致国家分裂。在强国的目标之下，康有为对于美国联邦宪法中所宣示的各州分治之理念可能带来的危害深表担心，尤其担忧诸如联盟分裂的可能性、法律差异造成的不一致，以及机构多重化所造成的耗费，等等。

〔1〕 康有为:《拟中华民国宪法草案》,《康有为全集》第十集，第42页。

最为关键的是，中国当时的病症并非是政府压制了民间的自由，而是地方势力过大而造成的政府无力。所以，以联邦制来治病的药方肯定是南辕北辙。

康有为尤其反对民选官吏的做法，他把政府选派官员视为政令畅通的重要环节。“盖既以保国为要，以国强为重，则吏必命于政府，而后有指臂运使之灵，提挈谨严之治。”〔1〕

对于三权分立，康有为评论道：在国会的监督下，政府勤勉守则，然而行政与立法若陷于意气之争，反而会置国民福利于不顾。美国因为总统与国会的多数派往往属于同一党派，所以立法与行政虽有制约，却也能暗中相通为用，但对于别的国家而言，则未必能行得通：“美宪法之万不可用，而尤不宜于吾国，至明矣！”〔2〕

康有为认为，由于民主深入人心，其总统不负责具体的政治事务，一切概由总理负责。虽然内阁经常变更，但总统不变，这样既可避免无政府的窘境，也可以平息因为更换总统而导致的争乱。不过，法国的

---

〔1〕 康有为：《拟中华民国宪法草案》，《康有为全集》第十集，第43页。
〔2〕 同上书，第44页。

总统因为不是“虚王”，所以在总统与内阁并不属于一个党派的时候，依然会导致政治动荡。

在民国初年关于内阁制和总统制的激烈争论中，康有为所推崇的是责任内阁制，即元首只担负礼仪性的功能。经过这样的比较，康有为认为，美国和瑞士的模式在中国行不通；英国的体制虽然最适合中国，但中国君主已经招致废除，或与民主共和体制不合；那么最后就只有法国的模式可供选择，这种模式虽然难以使国家实现富强，但至少可以保持稳定。〔1〕

在康有为看来，民主共和国家并没有一部可以直接移植的宪法，而以法国宪法为基础，并吸收英国宪法的优点则是一种次优的方案。其实在康有为的内心深处存在一种更为合适的方案，即德国方案。然而，德国并非民主国家，康因此并不能明目张胆地主张德国模式。对此，章永乐提出一个假设：“康有为宪法草案固然公开参照了法、英、美等国家的宪法，但就其

〔1〕 康有为说：“今吾国已为民主共和矣。夫共和之法，只有英、美、法、瑞四派，而英有虚君，与我民主不类，必不能用，美派易生祸变，瑞派至公，而吾国大民众难行。无已，则师法派立代表王之总统，而行责任内阁乎？虽总统有才，犹有内争，难致国强，然为民主共和而屈，不得已也，犹胜于美、墨与瑞士也。”康有为：《拟中华民国宪法草案》，《康有为全集》第十集，第50页。

精神实质来说，与德意志第二帝国宪法似乎有相当大的契合之处，后者极有可能是康有为的一个隐秘的参照系。”〔1〕

康有为对于德国因中央集权而导致国家富强的经验的肯定已经在他对联邦制的激烈反对中得到了充分的叙述。在他的宪法草案中，这种肯定则表现为强调总统对于国会的主导权。虽然康有为肯定国会或立法机关对于政府行政权力的制约，但是他看到了这样的制约对于政府权力的压制，及由此可能带来的行政能力削弱的问题。如此的思考逻辑完全是基于民国初年所遭遇的法律危机，尤其基于民初《临时约法》对于议会权力的强调。

《临时约法》的制定契机，恰值临时政府在准备将大总统职位交给袁世凯的前提下，孙中山及南方势

---

〔1〕 章永乐:《共和的诤友：康有为〈拟中华民国宪法草案〉评注》，载氏著:《旧邦新造：1911—1917》，第136页。北京大学出版社，2011年。章永乐认为：康有为“将英国的君主立宪论证成‘虚君共和’，已经是勉为其难之举，如果将君主有很大实权的德国宪法也拉入‘共和’，那就会使得‘共和’一词无法可用。但德国在形式上不是共和国，并不妨碍康有为在其共和国制度设计中借用其政制精神，保持议会的底线权力，同时加强行政权”。前揭书，第140页。

力希望通过议会来制约袁世凯的权力。因此，《临时约法》改变了《中华民国临时政府组织大纲》中确立的以总统制为核心的三权分立的政治原则，重新设计出新的责任内阁政体。这个政治格局中，参议院具有立法权，并具有对总统决定事件的同意权。而总统在对参议院的决定进行复议时，如有三分之二的参议员坚持原议，大总统则仍须颁布。而且，参议院在认定大总统有谋叛行为时，可依法进行弹劾，这实质是为了限制总统的行政权力所制定的方案〔1〕，却造成了民国之后因人制法的乱象。

民国建立之后，成立国会、制定宪法似乎是共和政治之必然实施的步骤。然而，实际的法律设计则存在严重的“因人制法”问题。所谓“因人制法”，即法律的制定，并非基于长期稳定，而是为了制约特殊

---

〔1〕 当时的宪政学者古德诺在评论对于总统权力的各种限制时说：“凡兹规定，其用意在使大总统于行事宜完全失其权力，而一切管理之权，乃操诸众议院之手。不特此也，在用内阁制者，行政机关以解散议院为最有效力之武器。议院有恶意或轻率之举动，惟此足以制之。今此案所规定，则并此权而夺之，虽大总统于一会期内有一次解散众议院之权，然须得参议院议员 2/3 以上之同意。然则即谓大总统绝无此权可也。”古德诺：《中华民国宪法案之评议》，载王健编：《西法东渐——外国人与中国法的近代变革》，第 118 页。中国政法大学出版社，2001 年。

的人物或特殊的利益。这种现象，“在民初几年大为盛行；而其肇始，则在《临时约法》制定时期。《临时约法》将《临时政府组织大纲》所规定的总统制改为内阁制，目的则是在大总统不得不举袁世凯的情况下，以内阁制度约束其权力。”而在袁世凯方面，其“破毁国会，废弃《临时约法》与天坛宪草，这种因人废法的行为与前此议会的因人制法实是一脉相承”〔1〕。

为了纠正这样的混乱，在康有为的草案中，强调了政府的统制力，赋予了总统以停散国会的权力：“盖议院有弹劾权，则政府应有解散权，所以调和国家机关之冲突也。若无调和，国会立法者太专，而政府行政者受压，则国家将陷于危险矣。至委任之规，亦非相反。盖大总统非议院委任，而国民所委任也，自经选举之后，则大总统之权即与议会分离，而完全独立矣。故解散议会之权，乃议院内阁制之重要法也。”〔2〕康有为强化行政的统制权力而削弱议会制衡力的设计，看上去与袁世凯的诉求一致，并因此而招致物议。循其

〔1〕 高波：《从制宪到革命——张东荪对民二年政局的观察与批评》，载强世功主编：《政治与法律评论》第二辑，第73—75页。法律出版社，2013年。

〔2〕 康有为：《拟中华民国宪法草案》，《康有为全集》第十集，第53页。

内在理路，则是由于康有为坚信要实现国家的富强，必须背后有一个强大的政府来推动。而民国初期的围绕袁世凯独裁和国民党为主的议会之间的政治斗争，以及各地军阀割据等状况，都导致新成立的国家难以启动任何政治活动。

当康有为看到，处于不成熟的政党政治环境下的议会组织试图以“人民主权”为基础来构造政治架构的时候，他在宪法草案中，特别注意强调“主权在国”这个带有明显的德国印记[1]的主权理论。

在《中华民国临时约法》以及王宠惠的宪法草案中，都明确指出，国家的主权属于全体国民。王宠惠还特别指出：“主权在国民，乃共和国体最要之原理，不妨特为规定，使国民晓然于共和之所以为共和，全

〔1〕 主权问题至为复杂，一般而言，近代以来有人民主权与君主主权之争，而在主权理论史上，对国家的法律地位和人格特性的阐发尤其与德国的思想家关系密切，这种思想也经由梁启超放弃卢梭的契约式国家理论接受伯伦知理的国家有机体思想而传入中国。在民国以来的宪法实践中，康有为和梁启超主张“主权在国”。章永乐等人指出，“主权在国”和“主权在民”的论述中存在着对于nation这个词的误读，不过更为值得关注的是康有为在强国的目标下，对于国家本身的法律地位的关注。章永乐的讨论见：《清末民初的“主权在国论”：一个理论命题的重构》，载氏著：《旧邦新造：1911—1917》，第88页。北京大学出版社，2011年。

在此点。”[1]据此可见，人民主权是“共和”之特殊标识。然而，在康有为的宪法草案中，在“主权”条下，其明确“主权在国”，并作按语说：“按俄、德、日、突之宪法，君主有统治权，是谓主权在君。瑞士、法、美、墨宪法，特明主权在民，英、比同之。智利、葡萄牙宪法，特著主权在国。中国民权已极张，而邻于列强，当以国权为重，故宜主权在国。”[2]在这段话中，康有为所列举的不同的宪法对于主权的规定并非问题之关键，值得注意的是他同时所指出的，中国之所以要选择“主权在国”的理由是：(1) 民权已极张，因此要进行国权与民权之间的调和。梁启超所拟的中华民国宪法草案也认为，主权当然在国家，而君本和民本的差异核心在于行使主权的机关和方式的不同。[3]这可以看作康门对于主权问题的独特理解。

〔1〕 王宠惠：《中华民国宪法刍议》，载夏新华等编：《近代中国宪政历程：史料荟萃》，第290页。中国政法大学出版社，2004年。

〔2〕 康有为：《拟中华民国宪法草案》，《康有为全集》第十集，第51页。

〔3〕 梁启超说：“采主权在民说，与国家性质不相容。无论何种国体，主权皆在国家，久成定说，无俟喋引。国体之异，则在行使国家主权之机关，有单复专共之异耳。本宪法所规定各机关，即所以表共和之实也。”《梁启超拟中华民国宪法草案》，载夏新华等编：《近代中国宪政历程：史料荟萃》，第251页。

（2）邻于列强。因为“主权”并非仅仅是一国之内的问题，当主权被定义为相对于别的国家而言的独立性之时，国家的整体性便得到了彰显。

很显然，这两点设计都是针对民国初年的中国现状而言的，袁世凯所代表的官僚群体固然令人失望，而以国民党为代表的新的政治群体也日趋暴力化。因此，康有为对于民权过于高涨而影响政治秩序的状况提出了批评，而这个批评则直接触及了“共和”政治的两个基本原则：平等和自由。

康有为对于平等的议论是从对议会中参议院和众议院的平等评论入手的，但他很快将主题转入对于议员本身的品行和政治素养的讨论。他认为，国会的神圣性来自于议员本身的素质：诸如议员本身要有责任和法律意识，要出席议会的活动；还有如议员要有道德表率，而不能口含天宪，粗鄙骄慢，等等，所以议员应该具备传统的君子修为。在这个标准下，平等才有意义：“其在旧俗，有君子、野人之别，皆以君子治野人，以野人奉君子。自顷谬效共和，妄言平等，旧俗官僚人士，皆俯首低心，降而师彼暴民之俗矣。故酿成大乱，今后未已也。夫比户可封，人人有士君子之行，可谓平等矣；苟未至比户可封、人人有士君子之行时，古今万国，未有不以君子治野人者也。苟漫曰平等，而以野人治野人，或以野人治君子，能无乱乎?”[1]这与其说是对民国初年议员群体素质的不信任，还不如说是康有为内心深处对于儒家贤能政治的推崇。

康有为还对自由概念进行了辨析，认为一般人对于自由的理解是超越法律规定而肆意所为，这样便使自由成为了目无规则。而真正的自由是在规则之内的行为，并不是真正的“自由”：“然欧人夸称自由者，盖倡革命诸巨子，因人心之恶专制也，而发之以自由之义，俾国民手舞足蹈而争从之。夫人情谁不乐自由者？自易从者如归，用以倾倒专制。此乃术略之妙用，而非正义之至理也；此乃医病之诡方，而非常食之饮馔也。若误以术略为正义，妄食秘方为常馔，其不害也几希。今中国以自由之风破败一切，甚者子以自由逆其父，妇以自由去其夫，弟以自由抗其师，工商亚旅以自由抗其主伯，军旅士卒以自由违其长上。愚民不考，但闻自由之名，便于为己，而风从之。遂使中国数千年之法纪道揆，扫荡无余，皆自

---

〔1〕 康有为:《拟中华民国宪法草案》,《康有为全集》第十集，第70页。

由二字为之。”[1]在康有为看来，中国传统社会并非不给人自由，只是不立自由之名而已。传统的礼制便已根据人的自然感情而加以“节文”，以建立有序的社会环境。

而对于中国而言，教化之大本存于孔教，故其宪法第九十六条特别指出：“凡国民苟不扰治安，不害善俗，不妨民事政事之义务者，许其信教之自由，而以孔教为国教，惟蒙藏则兼以佛教为国教，自特别之制，以法律规定之。”[2]康有为尤其强调信仰风俗与民族国家之间的关系，强调风俗亦为国民教化之本。

与“平等”观念相联系的教化意味着施教者和受教者之间的“差距”，即君子对于一般民众的教化，同时，“差距”也隐含着对民众能否有能力理解和实行共和政治的怀疑。所以说，“共和”对于康有为而言，并非一种真诚的赞同，而是在国民以“共和”为信仰的大环境下，试图通过对于“共和”概念本身的多样化理解，来表达自己一以贯之的政治主张。然而，在共和之名下所呈现出来的“无政府”状态，最终使康有为放弃

---

〔1〕 同上书，第81页。
〔2〕 同上。

了“共和”的观念，而直接展开对于“共和”的批评。

在写于1913年7月的《中国颠危误在全法欧美而尽弃国粹说》一文中，康有为对共和政治确立之后，中国传统的教化、风俗、法度、典章，不论是非尽行被扫弃的做法进行了批评；指出传统的典章制度乃国家之魂，如果脱离这些道德和风俗的基础，任何新的政治形态均难以收效。他尤其批评了照搬西方政治法律制度的做法，认为这些抄来的东西“无如纸上之空文，而非政治之实事矣”〔1〕。如果说，在拟议宪法草案时，康有为还试图将自己的制度设计“委屈”于“共和”之框架中，而展开对“自由”和“平等”等理念质疑的话，那么在《颠危》一文中，他则要对政党政治和议会与民意之关系做进一步的辨析。

在戊戌时期，康有为也是坚信议会可以通达民意的。但在民国之后，康有为与章太炎等人一样，也对代

---

〔1〕 康有为：《中国颠危误在全法欧美而尽弃国粹说》，《康有为全集》第十集，第131页。文中还说：“今吾国一知半解之士，于欧美之立国根本茫然也，乃大声疾呼曰：一切法欧美。又操觚执简，而为宪法律令，曰法欧美。抄某国之条文，则曰足为自由之保障矣。学某国之政俗，则曰足致国民之治安矣。若是则数留学生稍抄写各国宪法、法令章程，而中国已治已安、已富已强矣。”前揭书，第130—131页。

议制度是否真正能够在中国这样一个广土众民之国体现真实民意存有深深的疑问。康有为借助卢梭的“直接民主惟可在人口约两万人的区域才可实施”的说法，认为欧洲以代议之名来显示民权的方式已经不可能再得民意之真了，这类似于中国选举法中以八十万人选一人的方式，“于其宪法也，于其国会也，于其选举法也，则大书特书，曰代议院也、代议员也，名实相反，言议相乖。实而案之，不过欺民而已，不过豪猾之士欲攘夺国政，借民权、民意以欺人而已。”[1]在康有为看来，那些将代议夸为五千年未有之共和新政的议员们，其实所代表的并不是民意，而是金钱和权势。

与代议相关联的是政党政治。在康有为看来，建立政党来充当政治活动核心力量的做法，一是会排斥传统的道德文学之士远离政治，二是党人与行政权力的结合，则会使政治成为为党派谋私利的工具。因此，最好的办法是废政党。而即使因为共和政治必须借助党派来参与选举，也应由贤硕名望之士组成党派参与政治，才有可能以国事为重。同时，政党必须与权力

---

〔1〕 康有为：《中国颠危误在全法欧美而尽弃国粹说》，《康有为全集》第十集，第132页。

脱离。这事实上依然是强势政府辅以议会政治的一贯思路，其榜样亦依然是德国和日本。他说："德之强也，上有英主，自用其公卿百官，而专制以行政，下有国会，听政党立法议政，得以调剂君民而妙用之，故最强。然政党无权，可无庸议矣。"〔1〕

四　康有为《共和平议》与陈独秀《驳康有为〈共和平议〉》

如果说民国刚成立的时候，康有为还顾虑"共和"之符号意义，而政局的发展，使他开始直接反对共和。1916 年 3 月，就在袁世凯试图恢复帝制的前后，康有为写作了《中国善后议》，提出了解决中国政治制度危机的三种策略，其一是于国会外，再设立一个元老院，每一个省及蒙、藏等地举一人，总人数 28 人，其中轮选 7 人为常委，处理外交、法律、军事、宗教和行政纠纷。元老院设议长、副议长。元老院不能干预除上述五项之外的具体行政事宜，这样既

〔1〕康有为：《中国颠危误在全法欧美而尽弃国粹说》，《康有为全集》第十集，第 133 页。

无总统之尊荣，又无专制之祸患，更无选举之党争。

不过，我怀疑康有为提出这种政府模式的“诚意”，因为这与他建立强有力政府的意图并不完全相符，而且每次当他提出这个问题之时，均强调这种政治模式没有在任何国家进行过实践，实际运行过程也可能会出现别的问题。因此，更为符合中国实际的是“虚君共和”。对此，康有为已有多次论说，此为其第二策。第三策是谁可堪为虚君。理论上说，衍圣公最为合适，但是不合多民族国家之实际。于是，康有为认为废帝最为合适，理由包括：年幼，不能亲政；革命后，君臣之义不存；排满后，满族势力已微；国人依旧存有其礼。及其年长，已习而安之，所以是一个最为合适的“虚君”人选，共和政体也可真正安固。[1]康有为反复强调，这样的做法不能称为复辟，而是“只复不辟”，因为只是复其位，而不恢复位置背后的权威和福利。

在袁世凯称帝之际，康有为曾致信袁说：“仆昔创虚君共和之说，乃专以防总统之专制如公者。”[2]这

---

〔1〕 康有为：《中国善后议》，《康有为全集》第十集，第277页。

〔2〕 康有为：《致袁世凯书，1916年5月》，《康有为全集》第十集，第292页。

说明，康的确是期待“虚君”而不是实际上的君主制的回归。

康有为认为，以孙中山为代表的革命派和袁世凯都不是真心实行共和的人。孙中山与国民党过于强调党派的利益，袁世凯则是借共和为他的帝制梦想张目。他在1917年1月23日给徐世昌的信中说：“夫袁慰庭既非行共和者，不过借共和二字为帝制转阶耳。其暴民唱共和者，亦非真为共和者，不过假共和美名为争权利之计耳。中国举国人实未知共和之政如何，又未识于中国之俗宜否，然皆听有力者为之。”〔1〕康有为相信经此事变之后，国人已普遍对共和制失望，只有少数党人和新学生依然借共和鼓噪，因此他希望徐世昌能复旧君实行“虚君共和”。类似的主张，他在1917年6月《致张勋、黎元洪等电》、1917年7月7日《与徐世昌书》中反复申说，并在1917年7月1日代张勋等拟《吁各省将领拥戴复辟电》中明确说：“默察时势人情，与其袭共和之虚名，取灭亡之实祸，何如屏除党见，改建一巩固帝国，以竞存于列强之间。此义近为东西各国所主张，全球几无异议。中国本为

〔1〕 康有为：《与徐世昌书》，《康有为全集》第十集，第359页。

数千年君主之制，圣贤继踵，代有留贻，制治之方，较各国为尤顺。然则为时势计，莫如规复君主；为名教计，更莫如推戴旧君。”[1]

张勋复辟的失败，实际上已经宣告康有为给民国开出的方略失灵无效，但是，在政府以“造乱”罪名缉拿康有为的时候，康有为在致冯国璋的电文中，先说复辟之事本是包括冯国璋在内的许多人的共同想法[2]，更为值得关注的是康有为依然坚持自己的想法，“仆自戊戌来主持君主立宪，自辛亥来主持虚君共和；光明言之，未有改也。”虽然招致祸患无穷，但目的只为救中国，且虚君共和是唯一良策：“昔戊戌变法，清廷严捕我，而清室亡、中国危；今吾复辟，公等又刊章严捕我，可坐以见民国之乱而中国之亡也。顷见清廷诸王公，皆叹惜痛恨于戊戌不竟我用而逐捕我，致清室之亡。他日公等作总统、总理，不竟而遭遇乱，必叹惜于不复辟以致乱，恐悔不及矣。”[3]

---

〔1〕 康有为：《吁各省将领拥戴复辟电》，《康有为全集》第十集，第407页。

〔2〕 关于冯国璋和徐世昌参与复辟运动的详情可参阅胡平生：《民国初期的复辟派》，第84—86页。台湾学生书局，1985年。

〔3〕 康有为：《致冯国璋电》，《康有为全集》第十集，第418、419页。

1917年，康有为基于民国成立之后六年的政治动荡的格局，对中国选择共和制度之得失做了一个系统的评论，写成《共和评议》的长文，指出政治制度的选择，并非以制度本身的美恶为准，而是以解决社会问题、保持社会平稳为标准。中国在采用民主共和制度之后，却适得其反，从而强调中国应该采用强力政府的集权统治方式。

《共和平议》分为三卷，第一卷以各种事实讨论国人以共和求强国，却适得其反的后果。其事例包括：在共和的体制下，袁世凯复辟帝制、行总统专制；长年的动荡致使国民的生命财产得不到保障、国家独立主权被侵蚀；代议制度并不能反映民意、约法因非国民所定因此成虚文、武人干政听任政府盗支、道路不通而民情难达、军阀割据，等等。因此，中国若坚持民主共和制度将导致国家分裂而最终灭亡。

第二卷则强调，在民国之后，中国因帝国解体而失去外蒙等地，因军阀割据而导致内乱不绝、内战频繁、军费高企、贤才沦弃、恶吏盈朝、文化学术和道德教化衰败等状况。

第三卷是根据上两卷的结论证明民主和共和不适宜20世纪初的中国。康有为认为南美洲和俄国、土耳其等都因为曾采用民主体制而导致国家分裂、社会动荡。在康看来，民主共和制度只适合于小国，而从历史经验来看，罗马和英国都因为君主制度而强盛，唯一因民主制度而强大的国家只有美国，然美国的强大主要取决于其独特的地理环境、科技大发现和清教徒的德心。因此，世界上主要的共和政体都不能简单模仿。康有为甚至提及了当时逐渐兴起的社会主义思潮，认为这更是远离中国的国情。[1]

随着新的知识群体的形成，康有为的思想有了新的反对者。如果说晚清时期的康有为善于利用报纸、杂志等新式媒体与论敌进行论战，那么陈独秀和李大钊等人，则更善于利用媒体来提出他们的观点。相较于以前章太炎、汪精卫等革命派，陈独秀等人的言论更为直接，因而对康有为的批评也更为激烈。

1915年陈独秀等创办《新青年》，以科学和民主

---

〔1〕“近年工党之变日起，均产之论日多。夫论转石流川之势，则千数百年后，必至太平大同之世、群龙无首之时、公产平均之日；若在今日则无君均产之事，中国固未萌芽，而欧美亦岂能行哉？夫欧美之不能遽行无君均产，犹中国之未可行民主也。欧洲须由立宪君主，乃可渐致立宪民主，中国则由君主专制，必须历立宪君主，乃可至共和民主也。”康有为：《共和平议》，《康有为全集》第十一集，第64页。

为口号，以新旧之对立来理解传统价值与现代思想的关系，所以将新文化运动看作“新旧思潮之大激战”。[1]而通观陈独秀的作品，其关心的重点则在于民主与专制、自由平等价值与纲常伦理之间的冲突。一方面呼吁民众的政治主体意识，另一方面则反对任何形式的调和，而主张最后的觉悟[2]，即从价值观上对儒家纲常加以彻底否定。陈独秀以信仰自由来批评立孔教为国教或教育宗旨，并且直接将康有为试图建立孔教会的努力与民国之后的复辟活动作关联。[3]因此，我们虽然并不能确切地知道康有为是否关注陈独秀的作品，

---

〔1〕 陈独秀：《吾人最后之觉悟》，《独秀文存》，第 39 页。安徽人民出版社，1987 年。

〔2〕 陈独秀说：“吾人果欲于政治上采用共和立宪制，复欲与伦理上保守纲常阶级制，以收新旧调和之效，自家冲撞，此绝对不可能之事。盖共和立宪制，以独立平等自由为原则，与纲常阶级制为绝对不可相容之物，存其一必废其一。”（陈独秀：《吾人最后之觉悟》，《独秀文存》，第 41 页。）该论的核心在于，首先，陈独秀将儒家伦理简单化为纲常伦理，其次，将之与共和立宪完全对立。而康有为同时期之论说集中于儒家价值与共和之间的兼容性。

〔3〕 陈独秀说：“今中国而必立君，舍清帝复辟外，全国中岂有相当资格之人足以为君者乎？故张、康之复辟也，罪其破坏共和也可，罪其扰害国家也亦可；罪其违背孔教国国民之心理则不可，罪其举动无意识自身无一贯之理由则更不可：盖主张尊孔，势必立君；主张立君，势必复辟。理由自然，无足怪者。”《复辟与尊孔》，载《独秀文存》，第 115 页。

而陈独秀则始终将康有为作为最主要的论敌。在康有为发表《共和平议》之后一个月，陈独秀即撰写《驳康有为〈共和平议〉》来系统批评康有为在民国之后的政治见解。

在这篇长文中，陈独秀首先批评康有为虽在口头上肯定民国采用共和政体实现了国为公有的目标，但又说目前实行共和并非合宜之时机，这种自相矛盾的说法，实际上是以“虚君共和”来暗度陈仓，而主张君主制才是康有为的真实动机。“康氏赞成君主，则主张君主制可也，不必诡曰虚君共和。……吾知康氏之主张虚君共和，意在虚君而不在共和；其自创之共和制，意在元老院而不在共和。康氏脑中去君主贵族，无以言治。”〔1〕

对于康有为之指责追求共和而反得专制，以及将民国以来的政治败坏归结为中国不适合民主共和，陈独秀认为任何新的政治制度的实施，都会遭到巨大的阻力，因此民国以来的政治问题，究其实是假共和而真专制所造成的。至于康有为所提出的中国不适宜民主共和的三个原因：武人干政、道路未通、银行听任

---

〔1〕 陈独秀：《驳康有为〈共和平议〉》，《独秀文存》，第148页。

政府盗支等，陈独秀认为，这样的问题跟政体问题无关。民主共和政治固然可能会产生这类问题，而虚君共和制又如何能避免这类困局呢?

对于康有为针对总统制和内阁制所导致的袁世凯称帝和府院之争的问题，陈独秀认为，内阁制和总统制固然各有利弊，但是虚君制依然难以解决总统制所带来的选举难题和内阁与议会之间可能产生的争执。

而对于代议制并不能代表民意的指责，陈独秀的回应亦很直接：代议虽非直接民意，但总比君主或元老院更能代表民众。而对于巨型国家难以实行民主和民主制度难以使国家富强的结论，陈独秀的反击亦属有力，即既然美国和法国的经验不能成为中国的模式，那么英国或德国的经验亦难以成为中国的参照。在世界各国中，有因民主制而富强的，亦有因君主制而富强的；有大国民主而富强的，亦有小国君主而被殖民的。

最后，陈独秀总结康有为《共和平议》的两大问题，一是立论自相矛盾，二是借助“虚君共和”掩饰其拥护君主制的真实意图。

总体而言，陈独秀对康有为文中问题的揭示是比较清晰的，但问题在于，政治构想的设计并非以逻辑合理为首要任务。相比于陈独秀，康有为对于世界上的政治形态有更为丰富的知识，所以对于制度和习俗的关系、对于理想制度和现实可能性之间的矛盾有着更为深刻的思考。而当这样的思考受制于“共和”的政治合法性的压力的时候，其真实意图就只能被曲折地表达。康有为的《共和平议》一文的确体现出名和实之间的矛盾性，但问题在于陈独秀在批评中，并没有将康有为所面对的问题的复杂性提出基于“民主”或“共和”的解决方案，而以任何共和政治的实践都要经历磨难来解释。不幸的是，袁世凯和张勋的复辟的确给康有为的政治主张做了丑陋的注脚，从而使陈独秀的批评看起来十分切中要害。当然无数的事实证明，政治体制问题的解决或许不在一时一地言论上的胜负，也不在于一时一地实践上的成功；或许在一百年之后，当被陈独秀的立场所忽视的政治模式、国家目标依然困扰着我们的时候，我们可以看到康有为的顾虑远没有得到解释。

后　记

我对于康有为的研究兴趣最初来自2000年前后写作《制度化儒家及其解体》之时。当我在考虑新文化运动如何展开对儒家的“致命一击”的相关问题之时，发现陈独秀等“新派”学者对儒学最为集中的攻击点，竟然是康有为关于孔教会的设想和实践。在陈独秀等人看来，民国初期的复辟活动以及共和政体所受到的阻力，都来自于对儒家体制的留恋，所以陈独秀认为当日之中国需要一种最后的觉悟，其实质就是必须与儒家进行彻底决裂，而康有为，则自然成了最大的罪人。

这样的印象是如此的坚固，以致深受新文化运动的问题意识规范的梁漱溟、熊十力等现代儒家们，很不愿意将自己的关怀和康有为联系起来，以表示一种

“政治正确”。但是，在 21 世纪之后，康有为的思路却似乎重新焕发出其独特的吸引力。不仅李泽厚先生不断强调康有为的重要性，萧公权和汪荣祖的作品也深受关注，更有茅海建、曾亦、唐文明等学者相继出版康有为研究的专书。不仅如此，当代的“大陆新儒家”学派也不断宣称自己是康有为的追随者，更以此为依据与港台新儒家划清界限。我的前同事、中国人民大学的张旭教授称这股思潮为“新康有为主义”。

在我看来，康有为之所以被重新发现，最为重要的原因是他对于中国在进入现代民族国家体系的时候，应如何走出一条中国自己的道路的思考。在这样的思考下，他对于民主共和、君主立宪、政党政治、强力政府、国家认同、国教等问题展开了系统的讨论，而在这些讨论中最为核心的关怀，就是保全中国、以中国的实际境遇来选择政治模式。

康有为不是一名纯粹的学者。作为清末民初最为重要的政治家，他的变法活动、流亡生涯、将今文经学与西学融合的思维方式，都使他的思考带有那个时代最为鲜明的特征，这也使他具有后来以大学为主要活动平台的儒家学者们所不可比拟的广度和复杂性。这些丰富的历史经验和个人经历使康有为的思考在进入泛意识形态的末期的时候，呈现出对于当下中国问题的奇特的对应性：比如，孔教问题对应了国人的信仰危机；对于一统与集权问题的思考对应了政治改革与政府能力之间的紧张以及民族和国家统一等问题；而对于革命与改良的反思，则激发起人们对于如何改变中国之方式的关注。如此这般，这位曾经被证明为落后于历史的人，突然又变身为先知。

本书只是本人近年所撰写的关于康有为的研究文章中围绕清末民初新的国家建构思考的部分内容。感谢三联书店让这些文章得以结集出版。我的学生蒋玉婷、杨澜洁等在引文核对等方面提供了很大的帮助。

在我看来，对于康有为思考的种种梳理，其目的则是说明：斯人已逝，但他的问题依然困扰着今人。